Small Talk
대화 할수있는 용기

여행영어 편

small talk
대화할 수 있는 용기 - 여행영어 편

초판 제1쇄	2024년 11월 11일
저자	서장혁
펴낸이	서장혁
편집	토마토출판사 편집부
표지디자인	이새봄
본문디자인	이새봄
주소	서울 마포구 양화로 161 727호
TEL	1544-5383
홈페이지	www.tomato4u.com
E-mail	support@tomato4u.com
등록	2012.1.11.
ISBN	979-11-92603-63-6 14740

* 잘못된 책은 구입처에서 교환해드립니다.
* 가격은 뒤표지에 있습니다.
* 이 책은 국제저작권법에 의해 보호받으므로 어떠한 형태로든 전재, 복제, 표절을 금합니다.

NEW 일빵빵

Small Talk

여행영어 편

대화 할수있는 용기

서장혁

토마토 출판사

구성 construction

Small Talk 이란?

'Small Talk'은 말 그대로 '작은 이야기' 즉, '소소한 이야기'입니다.
보통 우리가 아는 '잡담'의 경우도 이에 해당이 되지만,
'해외 여행'에서의 'Small Talk'은 또 다른 특별한 목적이 있습니다.
여행 중 마주치는 여러 상황에 대해 현지인의 도움을 구하기 위해서
또는 같은 목적을 가진 여행객과의 어색한 분위기를 벗어나기 위해서
가벼운 농담이나, 관심사를 공유하여 낯선 환경의 두려움에서 벗어나려
고 하는 것입니다.

* 우선 본 강의 프로그램은 총 3가지 단계를 염두에 두고 진행 합니다.
  1. 현지 업무 종사자 혹은 여행객에게 먼저 말 걸기
  2. Small Talk
  3. 본론 대화로 유도

'Small Talk' 또한 익숙하지 않은 영어로 분위기 전환을 이끌어 가야 하기에 우리에게는 쉽지 않은 대화 기술입니다.

그래서 우선, 본 교재는
'레스토랑에서 음식에 대해 불평하기'부터 현지 여행 중 겪을 수 있는 난처한 상황에 대해 자유롭게 의사 표시를 할 수 있는 방법부터 차례대로 공부해 나갈 것입니다.

'해외 여행'에서 각 곤란한 상황마다 대처하기 위해 현지 업무 종사자에게 어떻게 다가가는 지 각자 '대화할 수 있는 용기'를 발전해 나가시기를 바랍니다.

Study 순서

1단계   오늘의 표현

오늘의 대화를 공부하기 전에 각 상황에서 현지 업무 종사자에게 요청이나, 불만 사항 등 의사 표시를 정확히 하기 위해 필요한 주요 말하기 표현법을 먼저 연습합니다.

음식 맛에 대한 불만부터 메뉴에 대한 질문, 주문에 대한 요청, 줄을 섰을 때 일어날 수 있는 다양한 상황마다 표현하기 애매했던 회화 표현을 연습해 봅시다.

2단계   오늘의 대화 들어보기

본격적으로 실제 원어민과의 대화를 공부해 볼 수 있는 리스닝 연습 부분입니다.

나를 중심으로 각 상황에서 만나게 되는 원어민과의 풍부한 회화 표현을 들어 봅시다.

처음은 본문 없이 듣고, 두 번째는 차근차근 본문을 눈으로 확인하면서 표현을 배웁시다.

3단계   대화 TIP 연습하고 문장 반복해서 외우기

각 문장마다 생소한 단어나 표현이 있을 수 있습니다.

우리에게는 낯설거나, 생소하지만, 원어민은 이미 많이 사용하고 있는 회화 표현 위주로 문장을 외우면서 공부해 봅시다.

한 강의가 끝나면 반드시 대화문장은 외우셔야 합니다.

이런 분들이 공부하시면 좋아요

**'Small Talk' 하기 전에 불편 사항부터
자연스럽게 의사 표현 하고 싶을 때**

① 현지 식당에서
주문한 음식 맛에 당황하셨던 분들

② 현지 식당에서
메뉴판 음식을 잘 몰라 당황하셨던 분들

③ 현지 식당에서
요청하고 싶은 말을 제대로 못 했던 분들

④ 관광지에서
긴 줄을 기다리면서 옆 사람과 어색했던 분들

⑤ 맛 집에서
앞에서 새치기한 사람에게 아무 말도 못했던 분들

⑥ 급하게 화장실 갈 때
잠시 자리 맡아달라는 표현도 못 했던 분들

이렇게 공부하세요.

'일빵빵'을 공부하실 수 있는 방법 2가지!

1. '교재' 구입 시 언제 어디서나 해당 강의를 즐기실 수 있습니다.

교재를 구입하신 후 가지고 계신 핸드폰으로 각 강의마다 Q.R 코드를 찍으시면 언제 어디서나 해당 영상 강의를 시청하실 수 있습니다.

- 해당 채널의 유튜브 강의는 Q.R코드로만 진행됩니다.
  Q.R 코드가 없는 교재일 경우는 전체 공개 강의입니다.
  유튜브에서 '일빵빵'을 검색하세요.

일빵빵 Q.R

2. '렛츠일빵빵 어플'에서 일빵빵 전체 강의를 즐기실 수 있습니다.

렛츠일빵빵 어플을 다운받으신 후 월 결제 혹은 연결제로 사용하시면 2천 여개가 수록되어 있는 일빵빵 왕초보부터 기초 심화 단계까지의 모든 강의를 모두 즐기실 수 있습니다.

- 렛츠일빵빵 어플 '이벤트 결제' 시, 시판되고 있는 해당 일빵빵 교재 전체 무료 대량 증정 이벤트가 있으니 놓치지 마세요!
  (결제 금액과 맞먹는 금액의 교재 제공/이벤트 기간 확인 필수)

Let's

렛츠일빵빵 어플

CONTENTS

PART 1. 레스토랑에서 직원과 대화해보자!

1. 레스토랑 음식에 대해 불평하기

| Day1. | 음식이 너무 짜요-1 | 14
| Day2. | 음식이 너무 짜요-2 | 18
| Day3. | 음식이 너무 매워요-1 | 22
| Day4. | 음식이 너무 매워요-2 | 26
| Day5. | 음식이 너무 느끼해요-1 | 30
| Day6. | 음식이 너무 느끼해요-2 | 34
| Day7. | 음식이 너무 달아요-1 | 38
| Day8. | 음식이 너무 달아요-2 | 42
| Day9. | 음식이 너무 비려요-1 | 46
| Day10. | 음식이 너무 비려요-2 | 50
| Day11. | 음식이 너무 써요-1 | 54
| Day12. | 음식이 너무 써요-2 | 58
| Day13. | 음식이 너무 싱거워요-1 | 62
| Day14. | 음식이 너무 싱거워요-2 | 66

2. 메뉴 고르는데 시간 더 요청하기

| Day15. | 메뉴 고르는데 시간 더 요청하기-1 | 70
| Day16. | 메뉴 고르는데 시간 더 요청하기-2 | 74
| Day17. | 메뉴 고르는데 시간 더 요청하기-3 | 78
| Day18. | 메뉴 고르는데 시간 더 요청하기-4 | 82

3. 메뉴를 못 골라 추천받기

| Day19. | 메뉴를 못 골라 추천받기-1   86
| Day20. | 메뉴를 못 골라 추천받기-2   90
| Day21. | 메뉴를 못 골라 추천받기-3   94
| Day22. | 메뉴를 못 골라 추천받기-4   98
| Day23. | 메뉴를 못 골라 추천받기-5   102
| Day24. | 메뉴를 못 골라 추천받기-6   106

4. 주문할 때 특별히 요청하기

| Day25. | 알레르기에 안전한 요리를 원해요   110
| Day26. | 채식주의자들을 위한 요리를 원해요   114
| Day27. | 너무 짜지 않은 요리를 원해요   118
| Day28. | 너무 맵지 않은 요리를 원해요   122
| Day29. | 혼자 먹기 적당한 요리를 원해요   126
| Day30. | 같이 나눠 먹기 좋은 요리를 원해요   130
| Day31. | 런치 스페셜 메뉴를 원해요   134
| Day32. | 해피 아워 메뉴를 원해요   138
| Day33. | 오늘의 특별 요리를 원해요   142
| Day34. | 빨리 제공되는 요리를 원해요   146

CONTENTS

PART 2. 줄 서서 기다리면서 대화해보자!

5. 관광지에서 기다리면서 관광객에게 말 걸기

| Day35. | 같이 줄 서있는 관광객에게 말 걸기-1   152
| Day36. | 같이 줄 서있는 관광객에게 말 걸기-2   156
| Day37. | 같이 줄 서있는 관광객에게 말 걸기-3   160

6. 맛 집 줄 서있는 관광객에게 말 걸기

| Day38. | 같이 줄 서있는 관광객에게 말 걸기-1   164
| Day39. | 같이 줄 서있는 관광객에게 말 걸기-2   168
| Day40. | 같이 줄 서있는 관광객에게 말 걸기-3   172

7. 새치기 한 관광객에게 말해주기

| Day41. | 새치기 한 관광객에게 말해주기-1   176
| Day42. | 새치기 한 관광객에게 말해주기-2   180
| Day43. | 새치기 한 관광객에게 말해주기-3   184

8. 잠시 자리 맡아달라고 부탁하기

| Day44. | 잠시 자리 맡아달라고 부탁하기-1   188
| Day45. | 잠시 자리 맡아달라고 부탁하기-2   192
| Day46. | 잠시 자리 맡아달라고 부탁하기-3   196

9. 관광지 대기 줄에 대해 관리자에게 묻기

| Day47. | 티켓 구매 대기 줄 물어보기   200
| Day48. | 바우처 소유자 대기 줄 물어보기-1   204
| Day49. | 바우처 소유자 대기 줄 물어보기-2   208
| Day50. | 온라인 회원권 보유자 대기 줄 물어보기   212

Small Talk
대화할 수 있는 용기
여행영어 편은

주문했던 음식이 짜도 아무 말 못하고 계산만 하고 나가시던 젊은 청년들.

오랫동안 줄 서 있다 자연스럽게 새치기 하는 해외 관광객을 보고도

영어로 지적하는 것이 엄두가 안 나

조용히 얼굴만 붉히던 한국 중년 여행객들.

이런 상황을 저만 목격한 것은 아니겠지요?

우리가 제대로 의사 표현을 하지 않으면 외국인들은 늘 그러려니 합니다.

즐거운 해외여행을 위해서는 상황에 따라 의사 표현을 제때 해줘야 합니다.

용기를 내시고, 틀리는 걸 두려워 마시고,

매일 Dialogue 하나씩 풍부하게 연습하시기 바랍니다.

약속하세요!

2024년 일하기 좋은 날에
저자 서장혁 올림

기초영어X여행영어
PART 1.

Small Talk

레스토랑에서 직원과 대화해보자!

레스토랑 음식에 대해 불평하기

 오늘의 표현

Daily Check.

> "이 음식이 너무 짠데요."
> "덜 짜게 해주실 수 있을까요?"
> (음식이 너무 짜요 - 1)

해외 음식은 보통 우리에게 짠 경우가 많다.
그런 경우 컴플레인을 못해서 그냥 어쩔 수 없이 남기고 계산만 하고 나오는 경우가 없도록 정확한 표현을 배워 보자.

"이 음식이 너무 짠데요."
→ "This dish is too salty for me."

"덜 짜게 해주실 수 있을까요?"
→ "Could you make it less salty?"

🎧 오늘의 대화 들어보기   해당 강의 시청 ▶▶▶   원어민 대화 ▶▶▶

You Excuse me, waiter?
저기요.

Waiter Yes, how can I help you?
네. 뭐 필요한 거 있으세요?

You This dish is too salty for me.
Could you make it less salty?
이 음식이 제게는 좀 짠데요, 덜 짜게 해주실 수 있을까요?

Waiter Of course, I'm so sorry about that.
We'll prepare a new one for you right away.
그럼요. 죄송합니다. 즉시 새로 만들어서 드릴게요.

You Thank you, I appreciate it.
감사합니다. 정말 감사해요.

Waiter No problem at all.
별말씀을요.

💬 대화 TIP 연습하고 문장 반복해서 외우기

1) Excuse me, waiter?
저기요.

2) Yes, how can I help you?
네. 뭐 필요한 거 있으세요?

> ▶ **How can I help you?**
> 레스토랑에서의 대화이므로, 그냥 '돕다'라는 의미보다 직원이 손님에게 필요한 것이 무엇인지 물어보는 의미로 해석하면 된다.

3) This dish is too salty for me.
이 음식이 제게는 좀 짠데요.

> ▶ **This dish is too salty for me.**
> 'dish'는 보통 '접시'라는 의미지만, 회화에서는 '음식'이라는 의미로 많이 쓴다.
> * salt (명사) + y : 짠 (형용사) = salty

4) Could you make it less salty?
덜 짜게 해주실 수 있을까요?

> ▶ **Could you make it less salty?**
> 보통 회화에서 상대방에게 부탁이나 요청을 할 경우 공손하게 표현하려면 'Can you'보다는 'Could you'라고 많이 쓴다.

5) Of course, I'm so sorry about that.
그럼요. 죄송합니다.

* Of course. : 물론입니다. 그럼요.
* I am so sorry about that. ; 정말 죄송합니다.

6) We'll prepare a new one for you right away.
즉시 새로 만들어서 드릴게요.

* prepare : 준비하다, 마련하다.
* a new one : a new dish
* right away : 바로 당장, 즉시

7) Thank you, I appreciate it.
감사합니다. 정말 감사해요.

▶ **I appreciate it.**

보통 회화에서 가장 많이 들을 수 있는 상대방에 대한 감사의 표시이며, 'appreciate'는 반드시 뒤에 목적어를 직접 가져 온다.
* I appreciate for it.(X)

8) No problem at all.
별 말씀을요.

* No problem. : 별말씀을요. 천만에요.
* No problem at all. : 전혀 문제될 거 없어요. = 천만에 말씀이에요.
* No ~ at all : 전혀 ~하지 않다.

DAY 02 — 레스토랑 음식에 대해 불평하기

 오늘의 표현   Daily Check.

> "이 음식이 제 입맛에 비해 너무 짠데요"
> "다른 음식이랑 바꿔주실 수 있을까요?"
> (음식이 너무 짜요 - 2)

주문한 음식이 생각보다 짤 경우 해당 음식을 바꿔달라고 요청할 수 있는 또 다른 표현이다.

"이 음식이 제 입맛에 비해 너무 짠데요."
→ "This dish is too salty for my taste."

"다른 음식이랑 바꿔주실 수 있을까요?"
→ "Could you please exchange this?"

---

* for my taste : 내 맛에 비해서, 내 기호에 비해서
* Could you please ~ : ~ 좀 해주실 수 있나요?
* exchange : 맞바꾸다

🎧 **오늘의 대화 들어보기** 해당 강의 시청 ▶▶▶   원어민 대화 ▶▶▶

Waiter Is everything all right?
음식 괜찮으신가요?

You I hate to bother, but this dish is too salty for my taste. Could you please exchange this?
번거롭게 해드려서 죄송하지만, 이 음식 제 입맛에는 너무 짠 거 같은데요. 다른 음식이랑 바꿔주실 수 있을까요?

Waiter Of course, I apologize for the inconvenience. Would you like to try something else on the menu, or would you prefer we remake the dish less salty?
물론이죠. 불편을 끼쳐드려 죄송해요. 메뉴에 있는 다른 음식을 드시겠어요? 아니면 덜 짜게 새로 만들어드리는 것이 더 좋으실까요?

You I'd appreciate if you could remake it less salty, thank you.
덜 짜게 새로 만들어주시면 정말 감사하겠어요.

Waiter Absolutely, I'll bring you a new one right away. Thank you for your patience.
물론이죠. 바로 새로 만들어드릴게요. 양해해주셔서 감사합니다.

💬 대화 TIP 연습하고 문장 반복해서 외우기

1) Is everything all right?
음식 괜찮으신가요?

2) I hate to bother, but this dish is too salty for my taste.
번거롭게 해드려서 죄송하지만, 이 음식 제 입맛에는 너무 짠 거 같은데요.

> ▶ **I hate to bother.**
> '번거롭게 해드려서 죄송합니다.'라는 의미로 'Excuse me' 이외에 많이 사용하니 꼭 알아두자.
> * hate : 싫어하다.
> * bother : 신경 쓰이게 하다, 괴롭히다.

3) Could you please exchange this?
다른 음식이랑 바꿔주실 수 있을까요?

4) Of course, I apologize for the inconvenience.
물론이죠. 불편을 끼쳐드려 죄송해요.

> *apologize for ~ : ~에 대해 사과하다
> *inconvenience : 불편함

5) Would you like to try something else on the menu,
메뉴에 있는 다른 음식을 드시겠어요?

> ▶ **Would you like to ~**
> 상대방에게 권유하는 매우 정중한 표현이다. '~ 하시겠어요?'라고 해석한다.
> * try something else : 다른 걸 먹어보다, 시도해보다.
> * on the menu : 메뉴에 있는

6) or **would you prefer** we remake the dish less salty?
아니면 덜 짜게 새로 만들어드리는 것이 더 좋으실까요?

> ▶ **Would you prefer + 명사 / to + 동사 / 문장**
>
> 보통 회화에서 상대방에게 무엇을 선호하는지 물어볼 때 사용하는 표현이다.
> 원래는 'Would you prefer A or B ?'로 더 많이 물어본다.
> * prefer : 선호하다
> * remake : 다시 만들다

7) **I'd appreciate if you could** remake it less salty, thank you.
덜 짜게 새로 만들어주시면 정말 감사하겠어요.

> ▶ **I'd appreciate if you could ~**
>
> 원문은 'I would appreciate (가정법) if you could~ (가정법)' 문장으로 '만일 당신이 ~하신다면 제가 아마 감사할 거 같다.'라는 의미로 회화에서 많이 쓰는 표현이다.

8) Absolutely, I'll bring you a new one right away.
물론이죠. 바로 새로 만들어드릴게요.

9) **Thank you for your patience.**
양해해주셔서 감사합니다.

> ▶ **Thank you for your patience.**
>
> 식당에서 많이 들을 수 있는 표현으로 '당신의 참을성에 감사하다.'라는 의미로 즉, '양해하고 기다려주셔서 감사합니다.'라는 의미로 해석한다.
> * patience : 참을성, 인내력

레스토랑 음식에 대해 불평하기

 오늘의 표현　　　　　　　　　　Daily Check.

> "이 음식이 너무 매운데요."
> "좀 덜 맵게 해주실 수 있을까요?"
> (음식이 너무 매워요 - 1)

주문한 음식이 매울 경우 해당 음식에 대해 덜 맵게 해달라고 요청할 수 있는 표현이다.

"이 음식이 너무 매운데요."
→ "This dish is too spicy for me."

"좀 덜 맵게 해주실 수 있을까요?"
→ "Is it possible to get it less spicy?"

---

* Is it possible to ~ : 할 수 있을까요?
* get it : 그것을 얻다. - 여기서는 '음식을 다시 받다'로 해석한다.

🎧 오늘의 대화 들어보기

You: Hi, could you help me with something?
저기, 좀 와주실래요?

Waiter: Absolutely, what do you need?
물론이죠. 뭐 필요하세요?

You: This dish is too spicy for me. Is it possible to get it less spicy?
이 음식이 너무 매운데요. 좀 덜 맵게 해주실 수 있을까요?

Waiter: I'm really sorry about that. Yes, we can make it again less spicy for you. Would that be alright?
정말 죄송합니다. 그럼요. 덜 맵게 해서 다시 만들어드릴게요. 괜찮으시겠어요?

You: Yes, please. I'd appreciate that a lot.
네, 부탁합니다. 그렇게 해주시면 너무 감사하죠.

Waiter: No problem at all. We'll get that sorted out for you right away.
전혀 문제되지 않습니다. 즉시 저희가 해결해드리겠습니다.

You: Thank you so much.
감사합니다.

💬 대화 TIP 연습하고 문장 반복해서 외우기

1) Hi, **could you help me with something?**
   저기, 좀 와주실래요?

   > ▶ **Could you help me with something ?**
   > 웨이터에게 요청하기 위해 부를 때 많이 쓰는 표현으로 의미는 '도움이 필요하니 와 달라.' 즉, '좀 와주실래요?' 라고 해석한다.

2) Absolutely, what do you need?
   물론이죠. 뭐 필요하세요?

3) This dish is too spicy for me.
   이 음식이 너무 매운데요.

4) **Is it possible to get it** less spicy?
   좀 덜 맵게 해주실 수 있을까요?

   > ▶ **Is it possible to get it ~**
   > 'Is it possible to ~'는 'Could you ~'와 마찬가지로 상대방에게 요청할 때 많이 쓰는 표현이고, 여기서 'it'은 '먹고 있는 음식'이고 'get'은 '먹다' 혹은 '받다'의 의미로 본다.

5) I'm really sorry about that.
   정말 죄송합니다.

6) Yes, we can make it again less spicy for you.
   그럼요. 덜 맵게 해서 다시 만들어드릴게요.

7) Would that be alright?
괜찮으시겠어요?

8) Yes, please. I'd appreciate that a lot.
네, 부탁합니다. 그렇게 해주시면 너무 감사하죠.

* Yes, please. : 네, 부탁합니다.
* I'd appreciate that a lot. : 그렇게 해주시면 너무 감사하죠. (가정법)
* appreciate : 감사하다 - 반드시 뒤에 목적어를 바로 가져온다.

9) No problem at all.
전혀 문제되지 않습니다.

* No problem at all. : 전혀 문제되지 않습니다.

10) We'll get that sorted out for you right away.
즉시 저희가 해결해드리겠습니다.

▶ We'll get that sorted out for you.
　상당히 정중한 표현으로 여기서 동사 숙어 'sort out'은 '선별하다' 보다는 '문제를 해결하다.'라는 의미가 강하다.
* get+목적어(that)+sorted out : 목적어가 해결되게 만들다. 여기서 'get'은 사역동사.
* right away : 바로 즉시

11) Thank you so much.
감사합니다.

레스토랑 음식에 대해 불평하기

Daily Check.

 오늘의 표현

"이 음식이 저에게는 조금 매운데요."
"조금 덜 맵게 해주실 수 있을까요?"
(음식이 너무 매워요 - 2)

주문한 음식이 매울 경우 해당 음식에 대해 덜 맵게 해달라고 요청할 수 있는 또 다른 표현이다.

"이 음식이 저에게는 조금 매운데요."
→ "This dish is a bit spicy for me."

"조금 덜 맵게 해주실 수 있을까요?"
→ "Is there any way to make it milder?"

---

* Is there any way to ~ : ~할 방법이 있을까요?
* mild : 가벼운, 온화한, 순한

🎧 오늘의 대화 들어보기 해당 강의 시청 ▶▶▶   원어민 대화 ▶▶▶

You
Excuse me, could I speak with you for a moment?
실례합니다. 잠깐 얘기 좀 할 수 있을까요?

Waiter
Of course, how can I assist you?
물론이죠. 필요하신 거 있으세요?

You
This dish is a bit spicy for me. Is there any way to make it milder?
이 음식이 저에게는 조금 매운데요.
조금 덜 맵게 해주실 수 있을까요?

Waiter
I'm sorry to hear that. Yes, we can definitely prepare another one less spicy for you. Would you like me to do that?
정말 죄송합니다. 그럼요. 저희가 맵지 않게 새로 만들어드리겠습니다. 제가 그렇게 해드려도 될까요?

You
Yes, please. That would be much better. Thank you for understanding.
네 부탁드릴게요. 그게 훨씬 나을 거 같아요. 이해해주셔서 감사해요.

Waiter
It's no problem at all. We want you to enjoy your meal. I'll take care of it right away.
별말씀을요. 저희는 손님께서 저희 음식에 만족하시길 바랄 뿐입니다. 빨리 가져다드리겠습니다.

💬 대화 TIP 연습하고 문장 반복해서 외우기

1) Excuse me, could I speak with you for a moment?
실례합니다. 잠깐 얘기 좀 할 수 있을까요?

> * for a moment : 잠시, 잠깐

2) Of course, how can I assist you?
물론이죠. 필요하신 거 있으세요?

> ▶ **How can I assist you?**
> 우리가 많이 알고 있는 'How can I help you?'는 광범위하게 쓰일 수 있는 표현이다. 그에 반해 'assist'는 단순히 '돕다'라는 의미뿐 아니라, '전담한 역할을 돕거나 보조하다.'라는 의미가 강하다. 식당에서는 각 테이블마다 전담 직원이 있으므로 간혹 'assist'를 써도 어색하지 않다.

3) This dish is a bit spicy for me.
이 음식이 저에게는 조금 매운데요.

4) Is there any way to make it milder?
조금 덜 맵게 해주실 수 있을까요?

> ▶ **Is there any way to make it milder?**
> 상대방에게 요청할 때 'Is it possible to ~'와 마찬가지로 'Is there any way to~'도 많이 쓴다. '~하는 것이 가능할까요?' 혹은 '~할 어떤 방법이 있을까요?'와 같은 의미이다.

5) I'm sorry to hear that.
정말 죄송합니다.

6) Yes, we can definitely prepare another one less spicy for you.
그럼요. 저희가 맵지 않게 새로 만들어드리겠습니다.

7) Would you like me to do that?
제가 그렇게 해드려도 될까요?

8) Yes, please. That would be much better.
네 부탁드릴게요. 그게 훨씬 나을 거 같아요.

9) Thank you for understanding.
이해해주셔서 감사해요.

10) It's no problem at all.
별말씀을요.

11) We want you to enjoy your meal.
저희는 손님께서 저희 음식에 만족하시길 바랄 뿐입니다.

12) I'll take care of it right away.
빨리 가져다드리겠습니다.

> * take care of : 책임지다, 수습하다, 처리하다

레스토랑 음식에 대해 불평하기

 오늘의 표현　　　　　　　　　　　Daily Check.

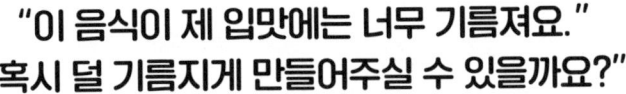

"이 음식이 제 입맛에는 너무 기름져요."
"혹시 덜 기름지게 만들어주실 수 있을까요?"
〔음식이 너무 느끼해요 - 1〕

해외에서 음식이 너무 느끼해서 잘 안 맞는 경우가 참 많다. 이럴 경우 덜 느끼하게 해 줄 수 없는지 요청하는 표현이다.

"이 음식이 제 입맛에는 너무 기름져요."
→ "This meal is too greasy for my liking."

"혹시 덜 기름지게 만들어주실 수 있을까요?"
→ "Is it possible to have it made less greasy?"

* greasy : 기름투성이의
* my liking : 나의 기호, 선호
* have it made = 그 음식을 ~로 만들게 하다. have (사역동사) + 목적어 + p.p

🎧 오늘의 대화 들어보기

You
Excuse me, could I have a word?
저기요, 잠깐 얘기 좀 할까요.

Waiter
Of course, how can I assist you?
물론이죠. 필요하신 거 있으세요?

You
This meal is too greasy for my liking.
Is it possible to have it made less greasy?
이 음식이 제 입맛에는 너무 기름져요.
혹시 덜 기름지게 만들어주실 수 있을까요?

Waiter
I'm so sorry about that. We can certainly prepare a new one less greasy for you. Would that be okay?
대단히 죄송합니다. 덜 기름지게 해서 새로 만들어드리겠습니다. 괜찮으시겠습니까?

You
That would be great, thank you.
I appreciate your quick response.
그게 좋을 것 같아요. 빠른 응대 감사드립니다.

Waiter
Not a problem, I'll take care of it immediately.
별말씀을요. 즉시 제가 처리하겠습니다.

💬 대화 TIP 연습하고 문장 반복해서 외우기

1) Excuse me, could I have a word?
   저기요, 잠깐 얘기 좀 할까요.

   > ▶ Could I have a word?
   >
   > 보통 회화에서 '잠깐 얘기 좀 할까요?'라고 상대방에게 제안할 때 쓰는 표현이다. 친구 사이에서는 'A word?'라고 간단히 쓰기도 한다.

2) Of course, how can I assist you?
   물론이죠. 뭐 필요하신 거 있으신가요?

3) This meal is too greasy for my liking.
   이 음식이 제 입맛에는 너무 기름져요.

   > * my liking : 나의 기호, 나의 선호

4) Is it possible to have it made less greasy?
   혹시 덜 기름지게 만들어주실 수 있을까요?

   > ▶ have it made
   >
   > 보통 영어회화에서는 사역동사의 형태를 많이 사용한다.
   > have (사역동사) + 목적어(사물) + p.p (make 의 완료형)
   > = have it made = 'it'를 ~로 만들어지게 하다.'

5) I'm so sorry about that.
   대단히 죄송합니다.

6) We can certainly prepare a new one less greasy for you.
덜 기름지게 해서 새로 만들어 드리겠습니다.

7) Would that be okay?
괜찮으시겠습니까?

8) That would be great, thank you.
그게 좋을 것 같아요.

9) I appreciate your quick response.
빠른 응대 감사드립니다.

> * quick : 빠른
> * response : 반응, 응대

10) Not a problem, I'll take care of it immediately.
별말씀을요. 즉시 제가 처리하겠습니다.

> * take care of : 처리하다, 신경쓰다

레스토랑 음식에 대해 불평하기

📖 오늘의 표현

> "이 음식이 제게 너무 느끼한데요."
> "조금 덜 느끼하게 만들 수 있을까요?"
> (음식이 너무 느끼해요 - 2)

해외에서 음식이 너무 느끼해서 잘 안 맞는 경우가 참 많다. 이럴 경우 덜 느끼하게 해 줄 수 없는지 요청하는 또 다른 표현이다.

"이 음식이 제게 너무 느끼한데요."
→ "This dish feels too greasy for me."

"조금 덜 느끼하게 만들 수 있을까요?"
→ "Could it be made lighter?"

🎧  오늘의 대화 들어보기   해당 강의 시청 ▶▶▶   원어민 대화 ▶▶▶

You: Could you please come here for a moment?
잠깐 여기로 와주시겠어요?

Waiter: Sure, what seems to be the issue?
네. 무슨 문제라도 있으신가요?

You: This dish feels too greasy for me. Could it be made lighter, perhaps less greasy?
이 음식이 제게 너무 느끼한데요. 조금 덜 느끼하게, 그러니까 기름 좀 덜 넣고 만들어주실 수 있을까요?

Waiter: I apologize for that. Yes, we can certainly prepare another portion for you that's less greasy.
아, 죄송합니다. 물론이죠. 선생님을 위해 해당 음식은 덜 기름지게 준비하겠습니다.

You: I'd really appreciate that.
Thank you for understanding.
너무 감사합니다. 이해해주셔서 감사해요.

Waiter: Of course, it's our priority to ensure you enjoy your meal. We'll get that started for you right away.
당연한걸요. 고객님께서 음식에 만족하시도록 하는 것이 저희의 우선 업무입니다. 즉시 처리해드리겠습니다.

💬 대화 TIP 연습하고 문장 반복해서 외우기

1) Could you please come here for a moment?
잠깐 여기로 와주시겠어요?

2) Sure, what seems to be the issue?
네. 무슨 문제라도 있으신가요?

> ▶ **What seems to be the issue?**
> 'What seems to be + A' 의미는 '무엇이 A인 것 같으세요?'라고 해석한다.
> - What seems to be the problem? : 무엇이 문제인 것 같으세요?

3) This dish feels too greasy for me.
이 음식이 제게 너무 느끼한데요.

4) Could it be made lighter, perhaps less greasy?
조금 덜 느끼하게, 그러니까 기름 좀 덜 넣고 만들어주실 수 있을까요?

> ▶ **Could it be made lighter?**
> 원문은 'It could be made lighter.'이다. 여기서 'could'는 가정의 의미이며, '아마도 그 음식은 더 가볍게 만들어질 수 있을 것이다.'라는 의미로 해석한다. 의문문의 형태이므로, '그 음식 느끼하지 않고 좀 더 가볍게 만들어질 수 있을까요?'라고 해석하면 된다.

5) I apologize for that.
죄송합니다.

6) Yes, we can certainly prepare another portion for you that's less greasy.
물론이죠. 선생님을 위해 해당 음식은 덜 기름지게 준비하겠습니다.

> * portion : 음식의 1인분

7) I'd really appreciate that. Thank you for understanding.
너무 감사합니다. 이해해주셔서 감사해요.

8) Of course, it's our priority to ensure you enjoy your meal.
당연한걸요. 고객님께서 음식에 만족하시도록 하는 것이 저희의 우선 업무입니다.

> ▶ **It's our priority to ~**
> '~하는 것이 저희의 우선이다.'라는 의미로 쓰이는 회화 표현이다.
> * priority : 우선권, 우선 사항

9) We'll get that started for you right away.
즉시 처리해드리겠습니다.

DAY 07 레스토랑 음식에 대해 불평하기

Daily Check.

 오늘의 표현

"이 디저트가 제 입맛에는 조금 단데요."
"조금 덜 단 거로 먹을 수 있을까요?"
(음식이 너무 달아요 - 1)

외국 음식 중에서는 우리가 상상하는 이상의 단맛을 가진 음식도 상당히 많다. 그럴 때는 이렇게 말하자.

"이 디저트가 제 입맛에는 조금 단데요."
→ "This dessert is a bit sugary for my taste."

"조금 덜 단 거로 먹을 수 있을까요?"
→ "Is it possible to get something less sweet?"

*sugary : 지나치게 달콤함

🎧 오늘의 대화 들어보기

You
Could I have a moment, please?
잠깐 시간 되세요?

Waiter
Absolutely, how can I help you?
물론이죠. 무엇을 도와드릴까요?

You
This dessert is a bit sugary for my taste.
Is it possible to get something less sweet?
이 디저트가 제 입맛에는 조금 단데요.
조금 덜 단 거로 먹을 수 있을까요?

Waiter
I'm sorry to hear that. Yes, of course, May I suggest our fruit salad or perhaps a cheese plate?
너무 죄송합니다. 물론이죠. 혹시 저희 과일 샐러드나 치즈 플레이트 어떠실까요?

You
The fruit salad sounds great, thank you for the suggestion.
과일 샐러드가 좋겠어요. 추천해주셔서 감사해요.

Waiter
My pleasure. I'll arrange for that to be brought out to you immediately.
천만의 말씀입니다. 즉시 고객님께 마련해드리겠습니다.

You
Thank you for being so accommodating.
편의를 봐주셔서 감사해요

💬 대화 TIP 연습하고 문장 반복해서 외우기

1) Could I have a moment, please?
잠깐 시간 되세요?

> ▶ **Could I have a moment?**
> 상대방에게 시간 잠깐 내달라고 요청하는 문장으로 같은 의미로는 'Can I have a sec?'라고 묻기도 한다.

2) Absolutely, how can I help you?
물론이죠. 무엇을 도와드릴까요?

3) This dessert is a bit sugary for my taste.
이 디저트가 제 입맛에는 조금 단데요.

4) Is it possible to get something less sweet?
조금 덜 단 거로 먹을 수 있을까요?

5) I'm sorry to hear that.
너무 죄송합니다.

6) Yes, of course, May I suggest our fruit salad or perhaps a cheese plate?
물론이죠. 혹시 저희 과일 샐러드나 치즈 플레이트 어떠실까요?

7) The fruit salad sounds great, thank you for the suggestion.
과일 샐러드가 좋겠어요. 추천해주셔서 감사해요.

8) My pleasure. **I'll arrange** for that to be brought out to you immediately.
천만의 말씀입니다. 즉시 고객님께 마련해드리겠습니다.

> ▶ I'll arrange for that to be brought out to you.
>
> 주문하신 '음식 = that'이 손님께 '가져다질 수 있도록 = be brought out' 제가 '마련하겠습니다. = arrange'.
>
> *arrange : 마련하다, 준비하다

9) Thank you for being so accommodating.
편의를 봐주셔서 감사해요

> * accommodating : 잘 협조하는, 선뜻 부응해주는
> * accommodate : 공간을 제공하다, 수용하다.

레스토랑 음식에 대해 불평하기

📖 오늘의 표현

Daily Check.

"이 케이크가 너무 달아서요."
"다른 디저트로 먹을 수 있을까요?"
(음식이 너무 달아요 - 2)

디저트가 내 입맛에 비해 너무 달 경우는 웨이터에게 정중하게 다른 디저트를 추천해달라고 요청해보자. 또 다른 표현이다.

"이 케이크가 너무 달아서요."
→ "This cake is incredibly sweet."

"다른 디저트로 먹을 수 있을까요?"
→ "Could I perhaps try a different dessert?"

🎧 오늘의 대화 들어보기

You
Excuse me, waiter?
저기요, 웨이터?

Waiter
Yes, how may I assist you?
네, 무엇을 도와드릴까요?

You
This cake is incredibly sweet.
Could I perhaps try a different dessert?
이 케이크가 너무 달아서요. 다른 디저트로 먹을 수 있을까요?

Waiter
Of course, I apologize for the inconvenience. We have a lovely lemon sorbet that's much lighter and not as sweet. Would you like to try that instead?
물론입니다. 불편을 끼쳐드려 죄송합니다. 저희가 조금은 가볍고 달지 않은 레몬 소르베도 있습니다. 대신 그걸로 드셔보시겠습니까?

You
That sounds perfect, thank you for the suggestion.
그게 좋을 거 같아요. 추천해주셔서 감사합니다.

Waiter
You're welcome. I'll have the lemon sorbet out to you in just a moment. And again, my apologies for the cake not meeting your expectations.
천만에요. 레몬 소르베 즉시 가져다드리겠습니다.
아울러, 케이크가 고객님 기대에 못 미쳐 사과드립니다.

대화 TIP 연습하고 문장 반복해서 외우기

1) Excuse me, waiter?
   저기요, 웨이터?

2) Yes, how may I assist you?
   네, 무엇을 도와드릴까요?

3) This cake is incredibly sweet.
   이 케이크가 너무 달아서요.

   * incredibly : 믿을 수 없을 정도로, 엄청나게

4) Could I perhaps try a different dessert?
   다른 디저트로 먹을 수 있을까요?

   * perhaps : 혹시

5) Of course, I apologize for the inconvenience.
   물론입니다. 불편을 끼쳐드려 죄송합니다.

6) We have a lovely lemon sorbet that's much lighter and not as sweet.
저희가 조금은 가볍고 달지 않은 레몬 소르베도 있습니다.

> * that's much lighter : 많이 가벼운 = that is much lighter

7) Would you like to try that instead?
대신 그걸로 드셔보시겠습니까?

> * instead : 대신에

8) That sounds perfect, thank you for the suggestion.
그게 좋을 거 같아요. 추천해주셔서 감사합니다.

9) You're welcome. I'll have the lemon sorbet out to you in just a moment.
천만에요. 레몬 소르베 즉시 가져다드리겠습니다.

10) And again, my apologies for the cake not meeting your expectations.
아울러, 케이크가 고객님 기대에 못 미쳐 사과드립니다

> * meet one's expectations : ~의 기대에 미치다.

DAY 09 레스토랑 음식에 대해 불평하기

 오늘의 표현　　　　　　　　　　　　Daily Check.

"이 생선 요리가 제 입맛에는 너무 비리거든요."
"원래 이렇게 나오는 건가요?"
(음식이 너무 비려요 - 1)

현지 음식이 생각보다 비린 경우가 있다. 그런 음식을 마주쳤을 때 종업원에게 말할 수 있는 표현을 알아보자.

"이 생선 요리가 제 입맛에는 너무 비리거든요."
→ "This fish dish is too fishy for my taste."

"원래 이렇게 나오는 건가요?"
→ "Is it supposed to be like this?"

🎧 **오늘의 대화 들어보기** 해당 강의 시청 ▶▶▶   원어민 대화 ▶▶▶

You
Excuse me, waiter?
저기요, 웨이터님?

Waiter
Yes, how can I help you?
네. 무엇을 도와드릴까요?

You
This fish dish is too fishy for my taste. Is it supposed to be like this?
이 생선 요리가 제 입맛에는 너무 비리거든요. 원래 이렇게 나오는 건가요?

Waiter
I apologize if it's not to your liking. It might be due to the type of fish used. Would you like to try something else on the menu?
고객님께 맞지 않았다면 사과드립니다. 요리된 생선 종류에 따라 다른 것 같습니다. 메뉴에 있는 다른 음식으로 하시겠습니까?

You
That would be great, thank you. I appreciate your understanding.
그게 나을 것 같아요. 이해해주셔서 감사드려요.

Waiter
Not a problem at all. I'll bring the menu right back to you.
천만에요. 메뉴판 다시 갖다드리겠습니다.

💬 대화 TIP 연습하고 문장 반복해서 외우기

1) Excuse me, waiter?
저기요, 웨이터님?

2) Yes, how can I help you?
네, 무엇을 도와드릴까요?

3) This fish dish is too fishy for my taste.
이 생선 요리가 제 입맛에는 너무 비리거든요.

> *dish : 음식
> *fishy : 맛이 비린
> *for my taste : 제 입맛에는

4) Is it supposed to be like this?
원래 이렇게 나오는 건가요?

> ▶ **Is it supposed to be like this?**
>
> 'It is supposed to~'는 '당연히 ~하기로 되어 있다.'라는 표현이다.
> 'It is supposed to be like this.'는 '당연히 이것처럼 되기로 되어 있다' 즉, '원래 이렇게 되기로 되어 있다.'라고 해석한다. 의문문이므로 우리가 흔히 사용하는 '원래 이런 건가요?'라는 문장이 된다.

5) I apologize if it's not to your liking.
고객님께 맞지 않았다면 사과드립니다.

> ▶ If it's not to your liking.
> '만일 당신의 기호에 맞지 않는다면'이라는 의미로 해석한다.
> *liking : 기호, 선호

6) It might be due to the type of fish used.
요리된 생선 종류에 따라 다른 것 같습니다.

> ▶ It might be due to ~
> '아마도 ~때문일 수도 있다.'라는 의미이다.
> * due to ~ : ~ 때문이다.
> * the type of fish : 생선 종류
> * used : 이미 사용된, 요리된

7) Would you like to try something else on the menu?
메뉴에 있는 다른 음식으로 하시겠습니까?

8) That would be great, thank you. I appreciate your understanding.
그게 나을 것 같아요. 이해해주셔서 감사드려요.

9) Not a problem at all. I'll bring the menu right back to you.
천만에요. 메뉴판 다시 갖다드리겠습니다.

레스토랑 음식에 대해 불평하기

Daily Check.

 오늘의 표현

"이 해산물 파스타가 제게는 너무 비린데요."
"설마 해산물이 신선하지 않은 건가요?"
(음식이 너무 비려요 - 2)

주문한 음식이 비린 데에는 여러 이유가 있을 것이다. 원래 현지 음식이 그런 경우가 있을 수 있고, 재료에 문제가 있을 수도 있다. 그런 경우 직원은 모를 수 있으니까 정확히 지적해주자.

"이 해산물 파스타가 제게는 너무 비린데요."
→ "This seafood pasta is too fishy for me."

"설마 해산물이 신선하지 않은 건가요?"
→ "Could it be that the seafood isn't fresh?"

🎧 오늘의 대화 들어보기

You: Could I get your attention for a moment?
잠시만 시간 내주실래요?

Waiter: Of course, what can I do for you?
물론이죠. 필요하신 게 있나요?

You: This seafood pasta is too fishy for me. Could it be that the seafood isn't fresh?
이 해산물 파스타가 제게는 너무 비린데요.
설마 해산물이 신선하지 않은 건가요?

Waiter: I'm very sorry to hear that. Let me quickly check with the kitchen and see what we can do. Would you prefer a replacement dish in the meantime?
대단히 죄송합니다. 우선 주방에 체크해보고 조치 할 수 있는 것이 무엇이 있는지 알아보도록 하겠습니다. 그동안 대신 드실 만한 음식 어떠신가요?

You: Yes, please. I think I'd like to try something else.
네 부탁할게요. 다른 것도 먹어봤으면 좋겠어요.

Waiter: Absolutely, I'll bring you our menu again. My apologies for the inconvenience.
물론입니다. 메뉴판 다시 드리겠습니다. 불편하게 해드려 죄송합니다.

💬 대화 TIP 연습하고 문장 반복해서 외우기

1) **Could I get your attention for a moment?**
   잠시만 시간 내주실래요?

2) **Of course, what can I do for you?**
   물론이죠. 뭐 필요하신가요?

   > ▶ **What can I do for you?**
   > 무엇을 도와드릴까요? = 무엇이 필요하신가요?
   > = How can I help you? = How can I assist you? = What do you need?

3) **This seafood pasta is too fishy for me.**
   이 해산물 파스타가 제게는 너무 비린데요.

4) **Could it be that the seafood isn't fresh?**
   설마 해산물이 신선하지 않은 건가요?

   > ▶ **Could it be that the seafood isn't fresh?**
   > 원문 'It could be that ~'의 의미는 '~일 수도 있겠다. ~일 가능성이 있다.'라고 해석한다. 대화에서는 의문문 형식이므로 '설마 ~ 이지 않은건가?'라고 해석한다.

5) **I'm very sorry to hear that.**
   대단히 죄송합니다.

6) Let me quickly check with the kitchen and see what we can do.
우선 주방에 체크해보고 조치 할 수 있는 것이 무엇이 있는지 알아보도록 하겠습니다.

7) Would you prefer a replacement dish in the meantime?
그동안 대신 드실 만한 음식 어떠신가요?.

* replacement : 대체, 교체
* in the meantime : 그동안, 그 사이에

8) Yes, please. I think I'd like to try something else.
네 부탁할게요. 다른 것도 먹어봤으면 좋겠어요.

9) Absolutely, I'll bring you our menu again.
물론입니다. 메뉴판 다시 드리겠습니다.

10) My apologies for the inconvenience.
불편하게 해드려 죄송합니다.

* inconvenience : 불편, 애로사항

레스토랑 음식에 대해 불평하기

Daily Check.

 오늘의 표현

"이 음식이 생각했던 것보다 좀 쓰네요."
"다른 음식으로 바꿔드릴까요/바꿔주시겠어요?"
(음식이 너무 써요 - 1)

간혹 주문한 음식이 예상외로 쓴 경우가 있을 수 있다. 맛 표현을 공부하면서 음식 맛이 쓴 경우도 표현법을 한번 배워보자.

"이 음식이 생각했던 것보다 좀 쓰네요."
→ "This dish tastes a bit more bitter than I expected."

"다른 음식으로 바꿔드릴까요? / 바꿔주시겠어요?"
→ "Would you like to switch to another dish?"

* bitter : 맛이 쓴

🎧 오늘의 대화 들어보기

You
Excuse me, I hate to bother you, but this dish tastes a bit more bitter than I expected. Is it supposed to be like this?
저기요, 죄송한데 이 음식이 생각했던 것보다 좀 쓰네요. 원래 이런 건가요?

Waiter
I'm sorry to hear that.
Would you like to switch to another dish?
대단히 죄송합니다. 다른 음식으로 바꿔드릴까요?

You
Yes, please. What do you recommend?
네, 부탁드려요. 추천할만한 음식 있으세요?

Waiter
How about our roasted chicken?
로스트 치킨은 어떠세요?

You
That sounds good.
I'll try the roasted chicken instead.
Thank you for understanding.
좋아요. 대신 로스트 치킨으로 할게요. 양해해주셔서 감사드려요.

Waiter
You're welcome.
I'll make the switch for you.
아니에요. 다른 음식으로 바꿔드리겠습니다.

💬 대화 TIP 연습하고 문장 반복해서 외우기

1) Excuse me, I hate to bother you.
저기요, 죄송한데

2) but this dish tastes a bit more bitter than I expected.
이 음식이 생각했던 것보다 좀 쓰네요.

> ▶ **more bitter than I expected**
> '비교급 + than I expected'를 해석하면 '내가 예측하거나 생각했던 것보다 더 ~하다.'라고 해석한다. 회화에서 많이 쓰는 표현이니 꼭 알아두자.

3) Is it supposed to be like this?
원래 이런 건가요?

> ▶ **Is it supposed to be like this?**
> 보통 회화에서 '원래 이런 건가요?'라는 의미로 많이 사용한다.

4) I'm sorry to hear that.
대단히 죄송합니다.

5) Would you like to switch to another dish?
다른 음식으로 바꿔드릴까요?

> * switch : 같은 성질이나 물건을 빨리 바꾸다.
> * change : 바뀌다, 변화하다.
> * exchange : 어떤 두 물건의 가치를 매겨 서로 바꾸다.

6) Yes, please. What do you recommend?
　　네, 부탁드려요. 추천할만한 음식 있으세요?

7) How about our roasted chicken?
　　로스트 치킨은 어떠세요?

8) That sounds good.
　　좋아요.

9) I'll try the roasted chicken instead.
　　대신 로스트 치킨으로 할게요.

10) Thank you for understanding.
　　양해해주셔서 감사드려요.

11) You're welcome. I'll make the switch for you.
　　아니에요. 다른 음식으로 바꿔드리겠습니다.

> * make the switch : 변경하다.

레스토랑 음식에 대해 불평하기

 오늘의 표현　　　　　　　　　　　　Daily Check.

> "이 샐러드 소스 정말 쓴데요."
> "그게 좋겠어요. 너무 번거롭지 않으면요."
> (음식이 너무 써요 - 2)

음식에 들어간 소스가 문제인 경우도 있다. 그럴 경우 소스를 새로 바꿔달라고 하는 표현을 배워보자.

"이 샐러드 소스 정말 쓴데요."
→ "This salad dressing is really bitter to me."

"그게 좋겠어요. 너무 번거롭지 않으면요."
→ "That would be great, if it's not too much trouble."

🎧 오늘의 대화 들어보기

You
Could I get your opinion on something?
문제가 있는데 얘기 좀 들어주실 수 있을까요?

Waiter
Absolutely, what do you need?
물론입니다. 무엇이 필요하신가요?

You
This salad dressing is really bitter to me. Is it supposed to be like this?
이 샐러드 소스 정말 쓴데요. 원래 이런 건가요?

Waiter
It might be the vinaigrette. it's made with quite a bit of radicchio, which can be bitter. Would you prefer a salad with a different dressing, maybe something a bit sweeter or creamier?
비네그레트소스라 그럴 수 있습니다. 적색 치커리로 만든 건데, 많이 쓸 수 있습니다. 좀 달달한 소스나 풍부한 맛이 나는 소스를 곁들인 샐러드가 더 좋으실까요?

You
That would be great, if it's not too much trouble.
그게 좋겠어요. 너무 번거롭지 않으면요.

Waiter
Not at all, I'll have that changed for you right away.
괜찮습니다. 바로 바꿔서 드리겠습니다.

You
Thank you, I really appreciate it.
감사합니다. 정말 감사해요.

💬 대화 TIP 연습하고 문장 반복해서 외우기

1) Could I get your opinion on something?
문제가 있는데 얘기 좀 들어 주실 수 있을까요?

> ▶ **Could I get your opinion on something?**
> '일이 생겼는데 조언 좀 구할 수 있을까?'라는 의미로 보통 회화에서 상대방의 의견을 구할 때 많이 사용하며, 식당에서 직원에게 말하면, '서비스나 제품에 무슨 문제가 발생했다.'라고 전하는 의미가 된다.

2) Absolutely, what do you need?
물론입니다. 무엇이 필요하신가요?

3) This salad dressing is really bitter to me.
이 샐러드 소스 정말 쓴데요.

> * dressing : 드레싱, 소스

4) Is it supposed to be like this?
원래 이런 건가요?

5) It might be the vinaigrette.
비네그레트소스라 그럴 수 있습니다.

> ▶ **It might be ~**
> '~일지도 모른다.' 즉, '~일 수 있습니다.'라고 해석한다. 'might'는 'may'보다는 좀 약한 추측으로 해석한다.
> * vinaigrette : 비네그레트 드레싱 (식초와 허브를 섞은 샐러드 드레싱)

6) it's made with quite a bit of radicchio, which can be bitter.
적색 치커리로 만든 건데, 많이 쓸 수 있습니다.

> * quite a bit : 상당히, 꽤 많은
> * radicchio : 적색치커리

7) Would you prefer a salad with a different dressing, maybe something a bit sweeter or creamier?
좀 달달한 소스나 풍부한 맛이 나는 소스를 곁들인 샐러드가 더 좋으실까요?

8) That would be great, **if it's not too much trouble**.
그게 좋겠어요. 너무 번거롭지 않으면요.

> ▶ **If it's not too much trouble.**
> 상대방에게 정중하게 요청시 붙이는 표현으로 'if it's okay with you.'와 같은 의미이다.

9) Not at all, I'll **have that changed** for you right away.
괜찮습니다. 바로 바꿔서 드리겠습니다.

> ▶ **have that changed**
> have(사역동사) + 목적어(사물) + changed (동사 완료형)
> : 목적어를 ~하게 하다 = 그 음식을 바꾸게 하다.

10) Thank you, I really appreciate it.
감사합니다. 정말 감사해요.

레스토랑 음식에 대해 불평하기

 오늘의 표현

Daily Check.

> "이 스프 너무 싱거운데요."
> "조미료를 좀 더 넣을 수 있을까요?"
> (음식이 너무 싱거워요 - 1)

이번에는 음식이 아예 싱거운 경우의 표현에 대해 알아보자. 음식 자체가 싱겁게 나오는 경우도 있지만, 소스나 양념이 빠진 경우도 있을 수 있으니 직원에게 그대로 표현해보자.

"이 스프 너무 싱거운데요."
→ "This soup tastes too bland for me."

"조미료를 좀 더 넣을 수 있을까요?"
→ "Could it use a bit more seasoning?"

---

*bland : 맛이 싱거운
*seasoning : 조미료(특히 소금과 후추)

🎧 **오늘의 대화 들어보기**   해당 강의 시청 ▶▶▶    원어민 대화 ▶▶▶

You: Excuse me, waiter?
저기요, 웨이터님?

Waiter: Yes, how can I assist you?
네, 무엇을 도와드릴까요?

You: This soup tastes too bland for me. Could it use a bit more seasoning?
이 스프 너무 싱거운데요. 조미료 좀 더 넣을 수 있을까요?

Waiter: I'm sorry to hear that. Would you like me to bring some salt and pepper, or would you prefer we add more herbs and spices in the kitchen?
죄송합니다. 소금이나 후추 좀 가져다드릴까요? 아니면 저희가 허브나 향신료를 넣고 좀 더 조리해드릴까요?

You: If it's not too much trouble, a bit more seasoning from the kitchen would be wonderful.
너무 번거롭지 않으시면 주방에서 좀 더 조미료를 넣어주시는 것이 좋을 것 같아요.

Waiter: Not a problem at all. We'll have that fixed for you right away. My apologies for the inconvenience.
전혀 번거롭지 않습니다. 바로 다시 가져다드리겠습니다. 불편을 드려 죄송합니다.

💬 대화 TIP 연습하고 문장 반복해서 외우기

1) Excuse me, waiter?
   저기요, 웨이터님?

2) Yes, how can I assist you?
   네, 무엇을 도와드릴까요?

3) This soup tastes too bland for me.
   이 스프 너무 싱거운데요.

4) Could it use a bit more seasoning?
   조미료 좀 더 넣을 수 있을까요?

   > *use seasoning : 양념하다, 조미료를 쓰다.

5) I'm sorry to hear that.
   죄송합니다.

6) **Would you like me to** bring some salt and pepper,
   소금이나 후추 좀 가져다드릴까요?

   > ▶ **Would you like me to ~**
   > '제가 ~ 해드릴까요?'
   > * Would you like to ~ : 당신이 ~하시겠어요?

7) or would you prefer we add more herbs and spices in the kitchen?
   아니면 저희가 허브나 향신료를 넣고 좀 더 조리해드릴까요?

> * add : 첨가하다, 넣다
> * herbs : 약초, 향초, 허브
> * spices : 향신료

8) If it's not too much trouble,
   너무 번거롭지 않으시면

9) a bit more seasoning from the kitchen would be wonderful.
   주방에서 좀 더 조미료를 넣어주시는 것이 좋을 것 같아요.

> ▶ ~would be wonderful.
> 전체적으로 '~하면 좋을 거 같아요.' 라고 해석한다. 여기서 쓰인 'would'를 조건이 있는 가정법이라고 한다.

10) Not a problem at all.
    전혀 번거롭지 않습니다.

11) We'll have that fixed for you right away.
    바로 다시 가져다드리겠습니다.

> ▶ have that fixed
> have(사역동사) + 목적어(사물) + fixed (동사 완료형)
> : 목적어를 ~다시 고치다, 정하다 = 그 음식을 다시 만들게 하다.

12) My apologies for the inconvenience.
    불편을 드려 죄송합니다.

레스토랑 음식에 대해 불평하기

📖 오늘의 표현

> "솔직히, 이 음식 맛이 안 나네요."
> "조미료를 더 넣어주시거나,
> 다른 음식으로 바꿔주실 수 있을까요?"
> (음식이 너무 싱거워요 - 2)

음식 맛이 안 날 때 직원에게 요청할 수 있는 몇 가지 표현에 대해 알아보자. 양념을 더 넣어달라든지, 아예 다른 음식으로 바꿔 달라고 말하는 법을 익혀두자.

"솔직히 말씀드려서, 이 음식 맛이 안 나네요."
→ "To be honest, this food is bland."

"양념을 더 넣어주시거나, 다른 음식으로 바꿔주실 수 있을까요?"
→ "I was wondering if it's possible to add some seasoning or perhaps consider a different dish?"

*bland : 맛이 싱거운
*seasoning : 조미료(특히 소금과 후추)

🎧 **오늘의 대화 들어보기**   해당 강의 시청 ▶▶▶   원어민 대화 ▶▶▶

Waiter: How is everything with your meals?
음식은 괜찮으세요?

You: To be honest, this food is bland. I was wondering if it's possible to add some seasoning or perhaps consider a different dish?
솔직히 말씀드려서, 이 음식 맛이 안 나네요. 조미료를 더 넣어주시거나, 다른 음식으로 바꿔주실 수 있을까요?

Waiter: Of course, I apologize for that. Let me take it back to the kitchen and we'll make sure to add more flavor. Would you like to try adding some specific spices, or would you prefer if we surprise you?
물론이죠. 죄송합니다. 주방으로 가져가서 맛을 더 내보도록 하겠습니다. 특별한 향신료 넣기를 원하실까요? 아니면 저희만의 방식으로 다시 조리해서 고객님께 가져다드릴까요?

You: A surprise would be nice, thank you.
이 가게만의 방식으로 다시 만들어 주시는 것이 좋겠어요. 감사합니다.

Waiter: Absolutely, I'll be right back with your revised dish.
알겠습니다. 손님 입맛에 맞춘 요리를 가지고 돌아오겠습니다.

💬 대화 TIP 연습하고 문장 반복해서 외우기

1) **How is everything with your meals?**
   음식은 괜찮으세요?

2) **To be honest, this food is bland.**
   솔직히 말씀드려서, 이 음식 맛이 안 나네요.

   > * To be honest : 솔직히 말씀드려서

3) <mark>I was wondering if</mark> it's possible to add some seasoning or perhaps consider a different dish?
   조미료를 더 넣어주시거나, 다른 음식으로 바꿔주실 수 있을까요?

   > ▶ **I was wondering if ~**
   > 상대방에게 무엇을 요청하는데 가능한지 정중하게 물어보는 표현으로 '~인지 아닌지 궁금해서요.' 혹은 '~할 수 있는지 해서요'라고 해석한다. 많이 쓰는 표현이니 꼭 알아두자.
   > * consider : 고려하다.

4) **Of course, I apologize for that.**
   물론이죠. 죄송합니다.

5) <mark>Let me take it back to</mark> the kitchen
   주방으로 가져가서

   > ▶ **Let me take it back to ~**
   > '그것을 다시 ~로 가져갈게요.'라고 해석한다.

6) and we'll **make sure to** add more flavor.
맛을 더 내보도록 하겠습니다.

> ▶ **make sure to ~**
> '~하도록 확실히 하다.' 즉 '확실히 ~하겠습니다.'라고 해석한다.

7) Would you like to try adding some specific spices,
특별한 향신료 넣기를 원하실까요?

8) or would you prefer if **we surprise you?**
아니면 저희만의 방식으로 다시 조리해서 고객님께 가져다드릴까요?

> ▶ **we surprise you**
> 해석은 '우리가 고객님을 놀라게 한다.'라는 의미이다. 하지만, 식당에서 이렇게 표현을 한다면, 식당에서 창의적으로 메뉴를 선택해 손님에게 놀라움을 선사한다는 의미가 강하다.

9) A surprise would be nice, thank you.
이 가게만의 방식으로 다시 만들어 주시는 것이 좋겠어요. 감사합니다.

10) Absolutely, I'll be right back with your revised dish.
알겠습니다. 손님 입맛에 맞춘 요리를 가지고 돌아오겠습니다.

> * revise : 수정하다
> * revised dish : 수정된 요리, 다시 만든 요리

메뉴 고르는데 시간 더 요청하기

오늘의 표현

Daily Check.

"주문하기 전에 조금 더 기다려주실 수 있을까요?"
"주문하는데 시간 조금 더 걸려도 괜찮을까요?"
(메뉴 고르는데 시간 더 요청하기 - 1)

해외 식당에서 메뉴판을 보고 낯선 음식을 고를 때 쓸 수 있는 다양한 표현을 배워보자.
- Could we wait ~ ?
- Do you mind if ~ ?

"주문하기 전에 조금 더 기다려주실 수 있을까요?"
→ "Could we wait a few more minutes before ordering?"

"주문하는데 시간이 조금 더 걸려도 괜찮을까요?"
→ "Do you mind if we take a little longer to decide?"

 오늘의 대화 들어보기

1

You: Could we wait a few more minutes before ordering?
주문하기 전에 조금 더 기다려주실 수 있을까요?

Server: Of course, no rush. I'll be nearby when you're ready.
물론이죠. 서두르지 않으셔도 됩니다. 주문하실 때 다시 올게요.

You: Thank you for understanding.
양해해주셔서 감사합니다.

2

You: Do you mind if we take a little longer to decide?
주문하는데 시간이 조금 더 걸려도 괜찮을까요?

Server: Not at all, take the time you need. I'll check back in a bit.
그럼요. 필요하신 만큼 천천히 하세요. 조금 있다가 다시 오겠습니다.

You: Thank you, we'll call you over.
감사합니다. 결정되면 저희가 말씀드릴게요.

대화 TIP 연습하고 문장 반복해서 외우기

1.
1) Could we wait a few more minutes before ordering?
주문하기 전에 조금 더 기다려주실 수 있을까요?

> ▶ **Could we wait ~**
>
> 직역하면 '우리가 ~동안 기다릴 수 있는가?'라는 의미이므로, '주문하기 전에 시간을 좀 달라'라는 의미로 해석하면 된다.
> * a few more minutes : 몇 분만 더
> * before ordering : 주문 전에

2) Of course, no rush.
물론이죠. 서두르지 않으셔도 됩니다.

> ▶ **no rush**
>
> 원문은 'There's no rush.'이며 '급할 것 없다' 즉, '손님께서는 서두르지 않으셔도 된다.'라는 의미이다.

3) I'll be nearby when you're ready.
주문하실 때 다시 올게요.

> * nearby : 근처에

4) Thank you for understanding.
양해해주셔서 감사합니다.

2.
5) Do you mind if we take a little longer to decide?
주문하는데 시간이 조금 더 걸려도 괜찮을까요?

> ▶ **Do you mind if ~ ?**
>
> 원문은 '만약 ~한다면 신경 쓰이세요?'라는 문장이지만, 해석하면 '만약 ~해도 괜찮으실까요?'라는 의미가 된다. 회화에서 많이 쓰는 표현이니 알아두자.
>
> * mind : 신경 쓰다, 꺼리다.
> * take : 시간이 걸리다
> * a little longer : 조금 더 길게(시간)

6) Not at all, take the time you need.
그럼요. 필요하신 만큼 천천히 하세요.

> * not at all : 천만에요, 전혀 그렇지 않아요.
> * take the time : 시간을 가지세요, 천천히 하세요.

7) I'll check back in a bit.
조금 있다가 다시 오겠습니다.

> ▶ **I'll check back.**
>
> 여기서 'check back'의 의미는 '다시 돌아와 체크하다', 즉, '다시 와서 살피다'라는 의미이다. '손님에게 주문을 받기 위해 다시 들르다.'라는 의미로 해석한다.
>
> * in a bit : 약간, 조금

8) Thank you, we'll call you over.
감사합니다. 결정되면 저희가 말씀드릴게요.

> ▶ **we'll call you over**
>
> 주문할 준비가 되었을 때 직원을 부르겠다는 의미이다.
>
> * call over : 부르다, 호출하다

메뉴 고르는데 시간 더 요청하기

 오늘의 표현

Daily Check.

"시간을 좀 갖고 메뉴판을 봐도 될까요?"
(메뉴 고르는데 시간 더 요청하기 - 2)

해외 식당의 메뉴판에는 이탈리아어, 프랑스어 등 생소한 언어로 표기되어 있는 경우가 많다. 영어가 어원이 아니더라도 혹시 우리가 평소에 아는 비슷한 표현의 메뉴가 있는지 시간을 가지고 잘 훑어보자.

- Could we wait ~ ?

"시간을 좀 갖고 메뉴판을 봐도 될까요?"
→ "Could we have a few more minutes to look over the menu, please?"

* look over : 훑어보다. 살펴보다.

오늘의 대화 들어보기

You
Could we have a few more minutes to look over the menu, please?
시간을 좀 갖고 메뉴판을 봐도 될까요?

Server
Of course! Take your time. Can I bring you something to drink while you decide?
물론이죠! 천천히 하세요. 고민하시는 동안 마실 것 좀 드릴까요?

You
That would be great. Could we get some water for now?
좋습니다. 우선 물 좀 주세요.

Server
Absolutely, I'll bring the water right over. Just let me know when you're ready to order.
알겠습니다. 바로 가져다드리도록 하겠습니다. 그럼 주문하실 때 알려주세요.

You
Thank you, we appreciate it.
감사합니다.

Server
No problem at all. I'm here whenever you're ready.
천만에요. 언제든 주문하실 때 오겠습니다.

💬 대화 TIP 연습하고 문장 반복해서 외우기

1) Could we have a few more minutes to look over the menu, please?
시간을 좀 갖고 메뉴판을 봐도 될까요?

> * look over ; 훑어보다, 살펴보다

2) Of course! Take your time.
물론이죠! 천천히 하세요.

> ▶ **Take your time**
> 보통 회화에서 상대방에게 '천천히 하라'는 의미로 많이 쓴다.

3) Can I bring you something to drink while you decide?
고민하시는 동안 마실 것 좀 드릴까요?

> ▶ **while**
> '~하는 동안'이라는 의미의 접속사로 뒤에 '주어+동사' 문장을 가지고 온다.

4) That would be great.
좋습니다.

5) Could we get some water for now?
   우선 물 좀 주세요.

   * for now : 우선은, 당분간은

6) Absolutely, I'll bring the water right over.
   알겠습니다. 바로 가져다드리도록 하겠습니다.

   * right over : 바로, 당장

7) **Just let me know** when you're ready to order.
   그럼 주문하실 때 알려주세요.

   ▶ **Just let me know**
   상대방에게 요청할 때 많이 쓰는 패턴으로 '~하게 되면 제게 알려주세요.'라는 의미로 해석한다.

8) Thank you, we appreciate it.
   대단히 감사합니다.

9) No problem at all. I'm here whenever you're ready.
   천만에요. 언제든 주문하실 때 오겠습니다.

   * whenever : ~할 때마다, ~할 때 언제든

메뉴 고르는데 시간 더 요청하기

 오늘의 표현　　　　　　　　　　　　Daily Check.

"주문하는데 시간 좀 걸려도 될까요?"
(메뉴 고르는데 시간 더 요청하기 - 3)

주문하기 전 메뉴판을 살펴볼 시간을 조금 더 달라는 또 하나의 표현이다.
- Can we get + more time ~ ?

"주문하는데 시간 좀 걸려도 될까요?"
→ "Can we get a bit more time to decide on our order?"

* decide on : ~로 정하다.

🎧 오늘의 대화 들어보기

You: Can we get a bit more time to decide on our order?
주문하는데 시간 좀 걸려도 될까요?

Server: Of course, there's no rush at all. Would you like me to suggest any specials or favorites in the meantime?
물론이죠. 서두르실 필요 전혀 없습니다. 그동안 특별 메뉴나 인기 있는 메뉴 추천해드릴까요?

You: Yes, that would be helpful, thanks.
네, 도움이 될 거 같아요. 감사합니다.

Server: Well, our chef recommends the seared salmon tonight, and our pasta primavera is also a hit. I'll give you a few more minutes to think it over.
네, 저희 요리사님이 오늘밤은 살짝 구운 연어 요리를 추천하시네요. 저희 프리마베라 파스타도 인기가 좋습니다. 고민해보실 시간 드릴게요.

You: Thank you for the recommendations. We'll take a look.
추천해주셔서 감사드립니다. 살펴볼게요.

Server: You're welcome. I'll check back with you shortly.
천만에요. 곧 다시 오겠습니다.

💬 대화 TIP 연습하고 문장 반복해서 외우기

1) Can we get a bit more time to decide on our order?
주문하는데 시간 좀 걸려도 될까요?

> ▶ **Can we get a bit more time to**
> 'Can we get~'은 상대방에게 보통 무엇을 달라고 할 때 쓰는 표현이다.
> 뒤에 'a bit more time'이 왔으니 '~하는데 시간을 좀 더 달라.'고 해석하면 된다.
> * decide on : ~로 정하다

2) Of course, there's no rush at all.
물론이죠. 서두르실 필요 전혀 없습니다.

> ▶ **There's no rush at all.**
> 말 그대로 '전혀 급함이 없다.'라는 표현으로 다시 말해 '서두르지 마라, 서두를 필요 없다.'라고 해석한다. 보통은 줄여서 'No rush'라고도 한다.

3) Would you like me to suggest any specials or favorites in the meantime?
그동안 특선 메뉴나 인기 있는 메뉴 추천해드릴까요?

> ▶ **Would you like me to ~**
> 상대방에게 '제가 하기를 원하십니까?'라고 정중히 물어보는 표현이다. 더 자연스럽게 '제가 ~해드릴까요?'로 해석한다.
> * specials : 특별 메뉴
> * favorites : 인기 있는 메뉴
> * in the meantime : (두 가지 시점 사건들) 그 사이에, 그 동안에

4) Yes, that would be helpful, thanks.
네, 도움이 될 거 같아요. 감사합니다.

5) Well, our chef recommends the seared salmon tonight, and our pasta primavera is also a hit.
네, 저희 요리사님이 오늘밤은 살짝 구운 연어 요리를 추천하시네요. 저희 프리마베라 파스타도 인기가 좋습니다.

* chef : 요리사
* recommend : 추천하다
* sear : 재빨리 굽다, 그슬리다
* primavera : 초봄의
* be a hit : 히트하다, 인기를 끌다.

6) I'll give you a few more minutes to think it over.
고민해보실 시간 드릴게요.

* think over : 곰곰이 생각하다.

7) Thank you for the recommendations.
추천해주셔서 감사드립니다.

8) We'll take a look.
살펴볼게요.

* take a look : 살펴보다

9) You're welcome. I'll check back with you shortly.
천만에요. 곧 다시 오겠습니다.

* shortly : 곧, 얼마 안 되어, 즉시

메뉴 고르는데 시간 더 요청하기

Daily Check.

> "아직 고르는 중이라서요.
> 시간을 조금만 더 주실래요?"
> (메뉴 고르는데 시간 더 요청하기 - 4)

주문하기 전 시간을 조금 더 달라고 하는 표현으로 '아직 고르는 중이라서요.' 처럼 시간이 더 필요한 이유를 말하며 양해를 구하는 표현까지도 써 보자.

- We're still deciding.
- Could we have ~ ?

"아직 고르는 중이라서요. 시간을 조금만 더 주실래요?"
→ "We're still deciding. Could we have a little longer?"

🎧 오늘의 대화 들어보기

You: Sorry, we're still deciding. Could we have a little longer?
죄송한데, 아직 고르는 중이라서요. 시간을 조금만 더 주실래요?

Server: Absolutely, no problem at all. While you decide, may I interest you in some of our starters?
그럼요, 괜찮습니다. 결정하시는 동안 전채 요리 좀 드릴까요?

You: That sounds like a good idea. What do you recommend?
좋은 생각이네요. 무슨 음식을 추천해주실 거죠?

Server: Our bruschetta is very popular, and the stuffed mushrooms are favorites as well.
저희 브루스케타가 굉장히 인기 있습니다. 그리고 속을 채운 버섯 요리도 인기고요.

You: Let's start with the bruschetta then, please.
그럼, 브루스케타로 시작해보죠.

Server: Excellent choice! I'll bring that out for you while you continue to look over the menu.
탁월한 선택이십니다! 메뉴판 보시는 동안 가져다드리겠습니다.

💬 대화 TIP 연습하고 문장 반복해서 외우기

1) Sorry, we're still deciding.
죄송한데, 아직 고르는 중이라서요.

> * still : 여전히, 아직도

2) Could we have a little longer?
시간을 조금만 더 주실래요?

> ▶ **Could we have a little longer?**
> 문법적으로는 'Could we have a little longer time?' 혹은 'Could we have a little more time?'이 맞으나, 실제 회화에서는 그렇게 쓰지 않고 그냥 'Could we have a little longer?'라고 쓴다는 것을 알아두자.

3) Absolutely, no problem at all.
그럼요, 괜찮습니다.

4) While you decide, may I interest you in some of our starters?
결정하시는 동안 전채 요리 좀 드릴까요?

> ▶ **may I interest you in?**
> 상대방에게 권유할 때 쓰는 표현으로 '~ 드릴까요?'라고 해석한다.
> * starters : 전채 요리

5) That sounds like a good idea. What do you recommend?
좋은 생각이네요. 무슨 음식을 추천해주실 거죠?

6) Our bruschetta is very popular,
저희 브루스케타가 굉장히 인기 있습니다.

> * bruschetta : 브루스케타 (빵에 토마토등을 얹은 이탈리아 요리)

7) and the stuffed mushrooms are favorites as well.
그리고 속을 채운 버섯 요리도 인기고요.

> * stuffed : 배가 빵빵한, 속을 채운, 포식을 한
> * stuffed mushrooms : 속을 다양한 고기, 치즈, 허브, 빵가루 등으로 채운 버섯 요리
> * as well : 역시, 또한

8) Let's start with the bruschetta then, please.
그럼, 브루스케타로 시작해보죠.

9) Excellent choice! I'll bring that out for you while you continue to look over the menu.
탁월한 선택이십니다! 메뉴판 보시는 동안 가져다드리겠습니다.

> ▶ I'll bring that out for you
>
> 'bring out'은 '~로부터 꺼내서 가져오다'라는 의미이다. 주문하신 음식을 주방에서 손님께 가져다드리겠다는 의미로 해석한다.
>
> * look over : 훑어보다, 살펴보다

메뉴를 못 골라 추천받기

 오늘의 표현

Daily Check.

> "저희 주문 전에 시간이 좀 필요할 것 같은데요."
> "여기서 당신이 제일 좋아하는 메뉴는 무엇인가요?"
> (메뉴를 못 골라 추천받기 - 1)

식당에서 메뉴판을 보고도 무엇을 주문해야 할지 잘 모르겠을 때, 시간이 더 지나도 도저히 못 고를 것 같을 때는 과감히 직원에게 음식을 추천받자. 음식 주문이 어려울 거 같아 추천해달라고 하는 표현을 배워보자.
- I think we need ~

"저희 주문 전에 시간이 좀 필요할 것 같은데요."
→ "I think we need a few more minutes before we order."

"여기서 당신이 제일 좋아하는 메뉴는 무엇인가요?"
→ "What's your favorite?"

🎧 오늘의 대화 들어보기

You
I think we need a few more minutes before we order. Is that okay?
저희 주문 전에 시간이 조금 더 필요할 것 같은데요, 괜찮을까요?

Server
Of course, take all the time you need. If you have any questions about the menu, feel free to ask.
물론이죠. 필요한 만큼 최대한 천천히 하세요. 메뉴에 대해 궁금하신 게 있으면 편하게 말씀해주시고요.

You
Great, what's your favorite?
알겠어요, 여기서 당신이 제일 좋아하는 메뉴는 뭔가요?

Server
My favorite is a pan-seared trout with a lemon butter sauce. It's been very popular.
제가 제일 좋아하는 요리는 레몬 버터 소스를 입혀 살짝 구운 송어 요리입니다. 매우 인기 있죠.

You
That sounds lovely. We might go with that.
좋은데요. 우리 그걸로 할게요.

💬 대화 TIP 연습하고 문장 반복해서 외우기

1) **I think** we need a few more minutes before we order. Is that okay?
   저희 주문 전에 시간이 조금 더 필요할 것 같은데요, 괜찮을까요?

   > ▶ **I think**
   > 보통 회화에서 '~인 것 같다.'라고 할 때 쓰는 표현이다.
   > * a few : 조금의

2) Of course, **take all the time** you need.
   물론이죠. 필요한 만큼 최대한 천천히 하세요.

   > ▶ **take all the time**
   > '서두르지 말고 천천히 해라.'라는 의미로 'take the time'을 사용하는데 중간에 'all'이 들어갔으므로 '서두르지 말고 최대한 시간을 갖고 천천히 해라.'라는 강조의 의미로 해석한다.

3) If you have any questions about the menu, feel free to ask.
   메뉴에 대해 궁금하신 게 있으면 편하게 말씀해주시고요.

4) Great, **what's your favorite?**
   알겠어요, 여기서 당신이 제일 좋아하는 메뉴는 뭔가요?

> ▶ what's your favorite?
>
> 보통 회화에서는 '당신이 가장 좋아하는 것이 무엇인가?'라고 하는 질문이지만, 식당에서 직원에게 이렇게 물어볼 때는 '이 음식점에서 당신이 가장 좋아하는 음식이 무엇인가?' 즉, '가장 추천할만한 음식이 무엇인가?'라고 추천을 원할 때 하는 질문으로 알아두자.

5) My favorite is a pan-seared trout with a lemon butter sauce.
제가 제일 좋아하는 요리는 레몬 버터 소스를 입혀 살짝 구운 송어 요리입니다.

> * pan-seared : 후라이팬에서 살짝 구운
> * trout : 송어

6) It's been very popular.
매우 인기 있죠.

> ▶ It's been very popular.
>
> 현재완료형을 썼으므로, 그 음식이 예전부터 계속 인기 있어온 요리라고 강조함을 알 수 있다.

7) That sounds lovely. We might go with that.
좋은데요. 우리 그걸로 할게요.

> * go with : 함께 가다, 제안을 받아들이다.

메뉴를 못 골라 추천받기

 오늘의 표현

Daily Check.

"고르기 어렵네요."
"메뉴판에서 추천 좀 해주시겠어요?"
(메뉴를 못 골라 추천받기 - 2)

메뉴를 고르기 어려울 때는 직원에게 추천받기를 원한다고 표현해보자.
- I am having a hard time ~ing
- Could you recommend something ~

"고르기 어렵네요."
→ "I'm having a hard time deciding."

"메뉴판에서 추천 좀 해주시겠어요?"
→ "Could you recommend something from the menu?"

🎧 오늘의 대화 들어보기　　해당 강의 시청 ▶▶▶ 　　원어민 대화 ▶▶▶

You　　I'm having a hard time deciding. Could you recommend something from the menu?
고르기 어렵네요. 메뉴판에서 추천 좀 해주시겠어요?

Server　　Of course! If you're in the mood for something light, our grilled salmon salad is very popular. Or, for something more filling, our beef bourguignon is a favorite among our regulars.
물론이죠. 손님께서 혹시 가벼운 요리를 원하시면, 저희 인기 메뉴인 석쇠에 구운 연어 샐러드를 추천드리고요, 배부르게 드시고 싶으시면, 단골손님들 사이에서 인기 있는 요리인 비프 부르기뇽을 권해드리고 싶습니다.

You　　The beef bourguignon sounds wonderful. I'll have that, please.
비프 부르기뇽이 좋겠네요. 그걸로 할게요.

💬 대화 TIP 연습하고 문장 반복해서 외우기

1) I'm having a hard time deciding.
고르기 어렵네요.

> ▶ **I'm having a hard time deciding**
>
> 'have a hard time'이라고 하면, '힘든 시간을 보내다.'라고 해석한다. 뒤에 동사의 '~ing' 형태가 붙어서 '~하는 데 힘든 시간을 보내다.' 즉, '~하는 데 어렵다.'라고 해석한다.

2) Could you recommend something from the menu?
메뉴판에서 추천 좀 해주시겠어요?

> * recommend : 추천하다
> * recommend something : ~을 추천하다. (3형식 동사)

3) Of course! If you're in the mood for something light,
물론이죠. 손님께서 혹시 가벼운 요리를 원하시면,

> ▶ **If you're in the mood for ~**
>
> '만약 당신이 ~를 원하시면'
>
> * be in the mood for : ~할 기분이 나다.
> * something light : 가벼운 것, 음식, 메뉴

4) our grilled salmon salad is very popular.
저희 인기 메뉴인 석쇠에 구운 연어 샐러드를 추천드리고요,

> * grilled : 석쇠에 살짝 구운

5) Or, **for something more filling**,
   배부르게 드시고 싶으시면

> ▶ **for something more filling**
>
> 앞 문장의 'If you're in the mood for something light'에서 'for something light or for something more filling' 이렇게 연결되는 표현으로 본다. 따라서 'something' 뒤의 'more filling'은 'something'을 뒤에서 꾸며주는 형용사로 본다.
>
> * filling : 포만감을 주는

6) **our beef bourguignon is a favorite among our regulars.**
   단골손님들 사이에서 인기 있는 요리인 비프 부르기뇽을 권해드리고 싶습니다.

> * beef bourguignon : 프랑스 bourguignon 지방의 양파, 버섯, 적포도주를 넣어 만든 소고기 요리
> * regulars : 단골 손님들

7) The beef bourguignon sounds wonderful.
   비프 부르기뇽이 좋겠네요.

8) I'll have that, please.
   그걸로 할게요.

메뉴를 못 골라 추천받기

 오늘의 표현

Daily Check.

"여기 이 메뉴들을 잘 몰라서요."
"추천 좀 해주시겠어요?"
(메뉴를 못 골라 추천받기 - 3)

해외에 가면 생소한 메뉴를 많이 접하게 된다. 메뉴가 생소함을 표현하고 직원에게 식당 음식을 추천해달라는 표현을 직접적으로 해보자.
- I am not familiar with ~.
- Could you suggest something ?

"여기 이 메뉴들을 잘 몰라서요."
→ "I'm not familiar with some of these items."

"추천 좀 해주시겠어요?"
→ "Could you suggest something?"

🎧 오늘의 대화 들어보기

해당 강의 시청 ▶▶▶   원어민 대화 ▶▶▶

You
This menu is quite unique. I'm not familiar with some of these items. Could you suggest something?
이 메뉴는 굉장히 특이하네요. 여기 이 메뉴들을 잘 몰라서 그런데 추천 좀 해주시겠어요?

Server
Certainly! Are you looking for something light or a more hearty meal?
그럼요! 가벼운 식사를 원하시나요, 아니면 푸짐한 식사를 하시고 싶으신가요?

You
I think I'd like something on the lighter side.
가벼운 게 좋을 거 같아요.

Server
In that case, I recommend our 'Summer Berry Salad'. It's a mix of fresh seasonal berries, mixed greens, and feta cheese.
그렇다면, 저희 '섬머 베리 샐러드'를 추천드리겠습니다. 신선한 제철 산딸기에 푸른 채소와 페타 치즈(양젖 치즈)를 곁들인 요리입니다.

You
That sounds exactly like what I'm in the mood for. I'll have the salad, please.
제가 딱 원하던 거네요. 그 샐러드로 할게요.

Server
A great choice! I'll get that order in for you rigth away.
선택 잘 하셨습니다. 즉시 주문 전달하도록 하겠습니다.

💬 대화 TIP 연습하고 문장 반복해서 외우기

1) This menu is quite unique.
이 메뉴는 굉장히 특이하네요.

* unique : 독특한, 특이한, 일반적이지 않은

2) I'm not familiar with some of these items.
여기 이 메뉴들을 잘 몰라서요.

▶ I'm not familiar with ~
원래는 '익숙하지 않다.'라는 의미이며 '낯설다', '잘 모른다.'라고 해석한다.
* items : 품목들, 아이템, 여기서는 메뉴판의 음식들

3) Could you suggest something?
추천 좀 해주시겠어요?

4) Certainly! Are you looking for something light or a more hearty meal?
그럼요! 가벼운 식사를 원하시나요, 아니면 푸짐한 식사를 하시고 싶으신가요?

* a hearty meal : 양이나 질적으로 푸짐한 식사

5) I think I'd like something on the lighter side.
가벼운 음식이 좋을 거 같아요.

* on the lighter side : 조금 더 가벼운 쪽

6) In that case, I recommend our 'Summer Berry Salad'.
그렇다면, 저희 '섬머 베리 샐러드'를 추천드리겠습니다.

7) It's a mix of fresh seasonal berries, mixed greens, and feta cheese.
신선한 제철 산딸기에 푸른 채소와 페타 치즈(양젖 치즈)를 곁들인 요리입니다.

> * seasonal : 계절적인, 계절의
> * berry : 산딸기
> * greens : 푸른 채소
> * feta cheese : 페타 치즈 (양이나 염소의 젖으로 만든 치즈)

8) That sounds exactly like what I'm in the mood for.
제가 딱 원하던 거네요.

9) I'll have the salad, please.
그 샐러드로 할게요.

10) A great choice!
선택 잘 하셨습니다.

11) I'll get that order in for you right away.
즉시 주문 전달하도록 하겠습니다.

메뉴를 못 골라 추천받기

오늘의 표현

Daily Check.

> "여기 시그니처 메뉴는 무엇인가요?"
> (메뉴를 못 골라 추천받기 - 4)

직원에게 인기 있는 음식을 추천해달라고 할 때 '시그니처'는 가장 많이 쓰이는 표현 중 하나이다.
- What is the signature dish ~ ?

"여기 시그니처 메뉴는 무엇인가요?"
→ "What's the signature dish here?"

* signature : (누군지 알아 볼 수 있는) 서명
* signature dish : 식당을 대표하는 음식

🎧 오늘의 대화 들어보기

해당 강의 시청 ▶▶▶    원어민 대화 ▶▶▶

You

I'm having a hard time deciding. What's the signature dish here?
메뉴 정하기 쉽지 않네요. 여기 시그니처 메뉴는 무엇인가요?

Server

Our signature dish is the 'Grilled Rib eye Steak with Herb Butter'. It's the favorite among our regulars for its tenderness and rich flavors.
저희 시그니처 메뉴는 '허브 버터를 바른 등심 스테이크'입니다. 부드러운 식감과 풍부한 맛으로 저희 고객들 사이에서도 인기 요리입니다.

You

That sounds amazing. I'm sold. I'll have the Rib eye Steak, please. And a glass of your best red wine to go with it.
훌륭한데요. 그걸로 하죠, 등심 스테이크. 그리고 거기에 어울리는 최고의 레드와인도 한 잔 부탁해요.

Server

A great choice! Our Cabernet Sauvignon will pair beautifully with your steak. I'll get that order in for you.
탁월한 선택이십니다. 카베르네 소비뇽이 스테이크랑 아주 잘 어울릴 겁니다. 주문 전달하도록 하겠습니다.

💬 대화 TIP 연습하고 문장 반복해서 외우기

1) I'm having a hard time deciding.
메뉴 정하기 쉽지 않네요.

2) What's the signature dish here?
여기 시그니처 메뉴는 무엇인가요?

> ▶ **What's the signature dish here?**
> '모두가 인정하는 이 식당의 대표 음식은 무엇인가요?'라고 해석하면 된다.
> 'signature dish'라고 하면, '식당을 알아볼 수 있는 대표적인 음식, 인기가 제일 많은 음식'으로 이해하면 된다.

3) Our signature dish is the 'Grilled Rib eye Steak with Herb Butter'.
저희 시그니처 메뉴는 '허브 버터를 바른 등심 스테이크'입니다.

> * grilled : 석쇠에 구운
> * rib eye : 꽃등심 (살코기 사이에 하얀 지방이 고루 퍼져 있는 등심)
> * herb : 약초나 향료용으로 쓰이는 식물

4) It's the favorite among our regulars for its tenderness and rich flavors.
부드러운 식감과 풍부한 맛으로 저희 고객들 사이에서도 인기 요리입니다.

> ▶ **It's the favorite**
> 여기서 'favorite'은 '가장 좋아하는 음식' 이라는 명사로 쓰였다.
> * among : ~ 사이에서
> * tenderness : 부드러움
> * regulars : 단골 손님들
> * flavors : 풍미, 맛, 향미

5) That sounds amazing. **I'm sold.**
훌륭한데요. 그걸로 하죠,

> ▶ **I'm sold**
> 상대의 말이나 제안을 마음에 들어하며 받아들일 때 쓰는 표현으로 '나는 이미 팔렸다.' 즉, '당신의 제안에 넘어갔다.', '그렇게 합시다.'라는 의미이다.

6) I'll have the Rib eye Steak, please.
등심 스테이크.

7) And a glass of your best red wine to go with it.
그리고 거기에 어울리는 최고의 레드와인도 한 잔 부탁해요.

> * go with : 어울리다

8) A great choice!
탁월한 선택이십니다.

9) Our Cabernet Sauvignon will pair beautifully with your steak.
카베르네 소비뇽이 스테이크랑 아주 잘 어울릴 겁니다.

> * Cabernet Sauvignon : 카베르네 소비뇽 (프랑스 보르도 지방에서 재배되는 적포도주)
> * pair with : 짝을 이루다

10) I'll get that order in for you.
주문 전달하도록 하겠습니다.

메뉴를 못 골라 추천받기

 오늘의 표현

Daily Check.

> "지금 A랑 B중에 고르려고 하는데요."
> "어떤 걸 추천해주시겠어요?"
> (메뉴를 못 골라 추천받기 - 5)

먹고 싶은 메뉴가 여러 가지인데 다 먹을 수는 없는 경우, 직원에게 선택을 해달라고 하는 표현이다. 선택한 메뉴를 얘기하고, 골라달라고 요청해보자.

"지금 A랑 B 중에 고르려고 하는데요."
→ "I'm trying to decide between A and B."

"어떤 걸 추천해주시겠어요?"
→ "Which one would you recommend?"

* between A and B : A와 B 중에서

🎧 오늘의 대화 들어보기

You
I'm trying to decide between the lamb chops and the pork belly. Which one would you recommend?
지금 양갈비랑 삼겹살 중에 고르려고 하는데요. 어떤 걸 추천해주시겠어요?

Server
Both are excellent choices, but the lamb chops are especially good. They come with a mint chimichurri that really enhances the flavor.
두 요리 모두 잘 고르셨지만, 양갈비가 특히 더 추천할만합니다. 맛을 확연하게 돋우는 민트 치미추리와 함께 제공됩니다.

You
That sounds delicious. I'll have the lamb chops, then.
맛있겠네요. 그럼 양갈비로 할게요.

💬 대화 TIP 연습하고 문장 반복해서 외우기

1) **I'm trying to decide between** the lamb chops and the pork belly.
지금 양갈비랑 삼겹살 중에 고르려고 하는데요.

> ▶ **I'm trying to decide between ~**
>
> 보통 회화에서 'I'm trying to~'는 '~하려고 한다.'라는 의미로 많이 쓴다. 원문은 '둘 중에서 고르려고 하는데요.' 라고 해석한다.
>
> * lamb : 양
> * chop : 음식 재료를 토막으로 썬 것, 토막살
> * the lamb chops : 양갈비
> * pork : 돼지고기
> * belly : 배 부분
> * the pork belly : 삼겹살

2) Which one would you recommend?
어떤 걸 추천해주시겠어요?

> * Which one : 어느 것, 어느 음식

3) Both are excellent choices,
두 요리 모두 잘 고르셨지만,

> * both are ~ : 둘 다 ~입니다.

4) but the lamb chops are especially good.
    양갈비가 특히 더 추천할만합니다.

7) **They come with** a mint chimichurri that really enhances the flavor.
    맛을 확연하게 돋우는 민트 치미추리와 함께 제공됩니다.

> ▶ **They come with ~**
> 음식에 관해 이야기를 하는 상황이므로, '그 음식들이 ~함께 온다.' 즉 제공된다 라고 해석한다.
> * mint chimichurri : 민트향이 나는 치미추리 소스, 아르헨티나의 대표적인 소스
> * enhance : 가치나 장점을 향상시키다, 높이다.

8) That sounds delicious. I'll have the lamb chops, then.
    맛있겠네요. 그럼 양갈비로 할게요.

메뉴를 못 골라 추천받기

 Daily Check.

> "제가 메뉴 선택을 어찌할지 모르겠는데요."
> "여기 음식들이 어떤 건지 설명해주시겠어요?"
> (메뉴를 못 골라 추천받기 - 6)

주문 전에 메뉴판에 있는 요리를 우선 소개해달라고 요청하는 표현이다. 먼저 어떤 음식을 고를지 모르겠다고 얘기하고, 메뉴판에 있는 요리를 설명해달라고 요청해보자.

"제가 메뉴 선택을 어찌할지 모르겠는데요."
→ "I'm a bit overwhelmed by the choices."

"여기 있는 요리들이 어떤 건지 설명해주시겠어요?"
→ "Could you help me understand what some of these dishes are?"

🎧 오늘의 대화 들어보기   해당 강의 시청 ▶▶▶   원어민 대화 ▶▶▶

You Excuse me, I'm a bit overwhelmed by the choices. Could you help me understand what some of these dishes are?
실례합니다. 제가 메뉴 선택을 어찌할지 모르겠는데요, 여기 있는 요리들이 어떤 건지 설명해주시겠어요?

Server Of course, Are there any dishes in particular you're curious about?
물론이죠. 특별히 궁금하신 메뉴가 있나요?

You Well, I noticed the 'Coq au Vin' on the menu.
음, 제가 메뉴판에서 '코코뱅'이란 요리를 봤거든요.

Server Coq au Vin is a classic French dish made with chicken, cooked in red wine along with mushrooms, onions, and sometimes bacon.
코코뱅은 레드와인에 닭고기, 버섯, 양파, 때로는 베이컨을 곁들여 만든 스튜입니다.

You They sound amazing. I'll try the Coq au Vin then.
멋진데요. 그러면, 코코뱅으로 할게요.

Server Solid choice! I'll make sure to bring it for you.
탁월한 선택이십니다! 꼭 가져다 드리겠습니다.

💬 대화 TIP 연습하고 문장 반복해서 외우기

1) **Excuse me, I'm a bit overwhelmed by the choices.**
   실례합니다. 제가 메뉴 선택을 어찌할지 모르겠는데요.

   > ▶ **I'm a bit overwhelmed by the choices.**
   > 'be overwhelmed by~'는 '~에 압도당하다'라는 의미이다. 메뉴판을 보고 이렇게 말한다면, '알기 어려운 용어로 써 있거나 처음 보는 생소한 음식들이 무엇인지 몰라 어쩔 줄 모르다'라는 의미로 알아두자.
   > * overwhelm : 압도하다, 제압하다.

2) **Could you help me understand** what some of these dishes are?
   여기 있는 요리들이 어떤 건지 설명해주시겠어요?

   > ▶ **Could you help me understand ~**
   > '제가 이해하도록 도와주실 수 있나요?'라는 의미로 자연스럽게 '제게 설명해 주실래요?'라고 해석한다.

3) Of course, Are there any dishes in particular you're curious about?
   물론이죠. 특별히 궁금하신 메뉴가 있나요?

   > * in particular : 특히, 특별히
   > * be curious about ~ : ~에 대해 궁금해하다.

4) Well, I noticed the 'Coq au Vin' on the menu.
   음, 제가 메뉴판에서 '코코뱅'이란 요리를 봤거든요.

> * notice : 알아차리다, 발견하다.
> * Coq au Vin : 코코뱅(포도주로 요리한 닭요리)

5) **Coq au Vin is a classic French dish made with chicken, cooked in red wine along with mushrooms, onions, and sometimes bacon.**
   코코뱅은 레드와인에 닭고기, 버섯, 양파, 때로는 베이컨을 곁들여 만든 스튜입니다.

6) **They sounds amazing.**
   멋진데요.

7) **I'll try the Coq au Vin then.**
   그러면, 코코뱅으로 할게요.

8) **Solid choice!**
   탁월한 선택이십니다!

   > ▶ **Solid choice!**
   >
   > 그대로 해석하면 '확실한 선택입니다!'라는 표현으로 상대방의 선택에 대해 '정말 옳은 선택이다, 탁월한 선택이다'라고 칭찬할 때 쓰는 표현이다.
   > *soild : 단단한, 확실한, 고체의

9) **I'll make sure to bring it for you.**
   꼭 가져다 드리겠습니다.

   > ▶ **I'll make sure to ~**
   >
   > '내가 ~할 것을 확실하게 하겠다.'라는 의미로 '꼭 ~ 하겠다.'라는 표현으로 보면 된다.
   > * make sure : 확실하게 하다.

주문할 때 특별히 요청하기

오늘의 표현

Daily Check.

> "제가 땅콩과 조개류 알레르기가 있는데요."
> "안전한 요리 추천해주실래요?"
> (알레르기에 안전한 요리를 원해요)

특정 음식에 관한 알레르기가 있다면 반드시 사전에 직원에게 알려줘야 한다. 표현법을 꼭 알아두자.

"제가 땅콩과 조개류 알레르기가 있는데요."
→ "I have allergies to peanuts and shellfish."

"안전한 요리로 추천해주실래요?"
→ "Can you suggest a safe option?"

🎧 오늘의 대화 들어보기 해당 강의 시청 ▶▶▶   원어민 대화 ▶▶▶

You

Hi, I have allergies to peanuts and shellfish. Can you suggest a safe option?
안녕하세요. 제가 땅콩과 조개류 알레르기가 있는데 안전한 요리로 추천해주실래요?

Server

Sure, the grilled chicken and our vegetable pasta are safe. I'll make sure they're prepared carefully.
물론이죠. 석쇠에 구운 닭 요리와 야채 파스타가 안전합니다. 꼼꼼히 준비하도록 하겠습니다.

You

Great, I'll take the grilled chicken. Please double-check for cross-contamination.
좋아요. 그럼 석쇠에 구운 닭 요리로 할게요. 교차 오염 여부 다시 한 번 확인해주세요.

Server

Of course. We'll take good care of it.
물론입니다. 저희가 잘 처리하겠습니다.

💬 대화 TIP 연습하고 문장 반복해서 외우기

1) Hi, I have allergies to peanuts and shellfish.
안녕하세요. 제가 땅콩과 조개류 알레르기가 있는데

> ▶ **I have allergies to**
> '나는 ~에 알레르기가 있다'라는 표현이며, 'have an allergy to + 한 종류', 'have allergies to + 두 종류 이상' 혹은 'be allergic to' 모두 사용할 수 있다.
> * an allergy : 알레르기
> * allergic : 알레르기가 있는
> * peanuts : 땅콩
> * shellfish : 조개류

2) Can you suggest a safe option?
안전한 요리로 추천해주실래요?

> ▶ **Can you suggest a safe option?**
> 'a safe option'은 '안전한 선택'의 의미이지만, 문맥상 '알레르기가 있는 음식을 피해서 안전하게 먹을 수 있는 음식'이라고 해석하면 된다.
> * option : 선택, 선택권, 음식 선택

3) Sure, the grilled chicken and our vegetable pasta are safe.
물론이죠. 석쇠에 구운 닭 요리와 야채 파스타가 안전합니다.

4) I'll make sure they're prepared carefully.
꼼꼼히 준비하도록 하겠습니다.

> ▶ I'll make sure they are prepared carefully.
>
> '제가 반드시 ~하게 할 것이다.'라는 의미로서 'I'll make sure to ~' 혹은 'I'll make sure + 문장'도 올 수 있다. 여기서 'they'는 주문한 음식들을 가리킨다.
> * prepare : 준비하다. 대비하다
> * carefully : 주의 깊게

5) Great, I'll take the grilled chicken.
좋아요. 그럼 석쇠에 구운 닭 요리로 할게요.

6) Please double-check for cross-contamination.
교차 오염 여부 다시 한 번 확인해주세요.

> * double-check : 다시 한 번 확인하다. 재확인하다.
> * cross : 교차
> * contamination : 오염
> * cross-contamination : 교차 오염 (식품과 식품 사이에 오염 물질의 이동)

7) Of course. We'll take good care of it.
물론입니다. 저희가 잘 처리하겠습니다.

주문할 때 특별히 요청하기

📖 오늘의 표현

> "채식주의자들을 위한 요리가 있을까요?"
> "혹시 비채식 소스나 사이드가 함께 제공되나요?"
> "육류 제품과 별도로 준비되어 있나요?"
> (채식주의자들을 위한 요리를 원해요)

철저하게 채식만 드시는 분들의 경우 해외 식당에서 메뉴 주문시 반드시 물어봐야 한다. 현지 채식주의자들도 흔히 물어보는 것들이니 이번에 질문하는 법을 알아두자.

"채식주의자들을 위한 요리가 있을까요?"
→ "Do you have any vegetarian options?"

"혹시 비채식 소스나 사이드가 함께 제공되나요?"
→ "Does it come with any non-vegetarian sauces or sides?"

"육류 제품과 별도로 준비되어 있나요?"
→ "Is it prepared away from meat products?"

🎧 **오늘의 대화 들어보기**   해당 강의 시청 ▶▶▶   원어민 대화 ▶▶▶

You
Do you have any vegetarian options?
채식주의자들을 위한 요리가 있을까요?

Server
Of course, we have a vegetarian pizza and a veggie burger. Would you like to try one of those?
물론이죠. 채식주의자용 피자와 햄버거가 있습니다. 둘 중 하나 드셔 보시겠습니까?

You
The veggie burger sounds good. Does it come with any non-vegetarian sauces or sides?
채식주의자용 햄버거가 좋겠어요. 혹시 비채식 소스나 사이드가 함께 제공되나요?

Server
No, it's completely vegetarian.
아닙니다. 완전히 채식주의자용입니다.

You
Is it prepared away from meat products?
육류 제품과 별도로 준비되어 있나요?

Server
Yes, it is. We're very careful about keeping our vegetarian dishes separate.
그렇습니다. 채식 요리는 특히 신경 써서 분리해 놓습니다.

You
Wonderful, I'll have a vegetarian burger then. Thank you.
좋아요. 그럼 채식주의자용 버거로 할게요. 감사합니다.

💬 대화 TIP 연습하고 문장 반복해서 외우기

1) Do you have any vegetarian options?
채식주의자들을 위한 요리가 있을까요?

> ▶ **Do you have any vegetarian options?**
>
> 채식주의자들은 이 표현을 꼭 알아두자. '채식주의자를 위한 메뉴 있어요?'라고 물어보고 싶을 때 사용하는 기본 표현이다. 'any vegetarian options'는 '채식주의자들을 위한 요리'라고 해석한다. 'option'이라는 단어도 반드시 알아두자.
> * vegetarian : 채식주의자
> * options : 선택, 선택권, 음식 선택

2) Of course, we have a vegetarian pizza and a veggie burger.
물론이죠. 채식주의자용 피자와 햄버거가 있습니다.

> * veggie : vegetarian 의 줄임말. = 채식주의자, 채식의
> * veggie burger : 버거 안에 고기 대신 야채, 견과, 콩등으로 만든 패티를 넣은 버거

3) Would you like to try one of those?
둘 중 하나 드셔보시겠습니까?

4) The veggie burger sounds good.
채식주의자용 햄버거가 좋겠어요.

5) Does it come with any non-vegetarian sauces or sides?
혹시 비채식 소스나 사이드가 함께 제공되나요?

> ▶ **Does it come with ~**
>
> '~와 함께 오나요?'라고 해석하기 쉽지만, 식당에서 음식에 대한 대화이므로 '~가 함께 제공되나요?, ~와 함께 나오나요?'로 해석한다.
>
> * non-vegetarian : 비채식주의자
> * sauce : 소스
> * sides : 메인 요리 사이드에 딸려 나오는 음식

6) No, it's completely vegetarian.
아닙니다. 완전히 채식주의자용입니다.

7) Is it prepared away from meat products?
육류 제품과 별도로 준비되어 있나요?

> ▶ **Is it prepared away from~**
>
> 채식만 하는 경우 육류 제품 등 비채식 식품과 같이 보관되는지도 중요하게 생각하는 경우가 많다. '~와 격리되서, 별도로 준비되나요?'라는 의미로 본다.
>
> * meat products : 육류 제품

8) Yes, it is. We're very careful about keeping our vegetarian dishes separate.
그렇습니다. 채식 요리는 특히 신경 써서 분리해놓습니다.

> ▶ **keeping our vegetarian dishes separate.**
>
> 'keep A separate' 표현이며, 'A를 따로 격리시키다, 분리시켜 보관하다'라는 의미이다.
>
> * our vegetarian dishes : 저희 채식 요리들

9) Wonderful, I'll have a vegetarian burger then. Thank you.
좋아요. 그럼 채식주의자용 버거로 할게요. 감사합니다.

주문할 때 특별히 요청하기

📖 **오늘의 표현** Daily Check.

"메뉴 중에 너무 짜지 않은 요리를 추천해주실래요?"
(너무 짜지 않은 요리를 원해요)

음식을 주문할 때 본인의 입맛을 고려해서 특별한 요청을 할 수 있다. 해외에는 짠 음식이 많으므로 직원에게 미리 짜지 않은 요리를 추천해달라고 할 수 있다.
- Could you recommend something ~
- that's not too salty

"메뉴 중에 너무 짜지 않은 요리를 추천해 주실래요?"
→ "Could you recommend something on the menu that's not too salty?"

🎧 **오늘의 대화 들어보기** 해당 강의 시청 ▶▶▶   원어민 대화 ▶▶▶

You   Hi, could you recommend something on the menu that's not too salty?
안녕하세요. 메뉴 중에 너무 짜지 않은 요리를 추천해 주실래요?

Server   Of course! Are you looking for a particular type of dish, like a salad, sandwich, or something else?
물론이죠! 샐러드, 샌드위치가 있고요. 혹시 드시고 싶은 요리가 따로 있나요?

You   I'm open to anything.
아무거나 상관없어요.

Server   In that case, our grilled chicken salad is a great option. It's flavorful but not too salty. We can also customize any dish to make it less salty if you'd like.
그렇다면, 저희 석쇠에 구운 닭 샐러드가 좋은 선택이 될 겁니다. 맛있고, 짜지도 않습니다. 원하시면, 기본 맛보다 덜 짜게 만들어드릴수도 있습니다.

You   Great, the grilled chicken salad sounds good.
좋아요. 석쇠에 구운 닭 샐러드가 좋겠네요.

Server   Good! I'll get that order in for you right away.
알겠습니다. 바로 주문 전달하도록 하겠습니다.

💬 대화 TIP 연습하고 문장 반복해서 외우기

1) Hi, could you recommend something on the menu that's not too salty?
안녕하세요. 메뉴 중에 너무 짜지 않은 요리를 추천해 주실래요?

> * something (on the menu) that's not too salty : that 이하 문장이 앞의 'something'을 꾸며 줌

2) Of course! Are you looking for a particular type of dish, like a salad, sandwich, or something else?
물론이죠! 샐러드, 샌드위치가 있고요. 혹시 드시고 싶은 요리가 따로 있나요?

> ▶ **Are you looking for ~**
> 식당에서 직원이 손님에게 따로 찾고 있는 음식이 있는지 물어볼 때 많이 사용하는 표현이다.
> * particular : 특별한
> * type : 종류
> * or something else : 또는 다른 것

3) I'm open to anything.
아무거나 상관없어요.

> ▶ **I'm open to anything**
> 'I'm open to~'의 의미는 '나는 ~에 열려있다'라는 의미이다. 'I'm open to anything.'이라고 하면 '나는 어떤 것에든 열려있다.' 즉, '무슨 메뉴든지 상관 안 한다.'라는 의미가 된다.

4) **In that case**, our grilled chicken salad is a great option.
그렇다면, 저희 석쇠에 구운 닭 샐러드가 좋은 선택이 될 겁니다.

> ▶ **in that case**
> 보통 회화에서 문장을 이어줄 때 많이 쓰는 표현으로, '그렇다면'이라고 해석한다.
> * great option : 좋은 선택, 탁월한 선택

5) It's flavorful but not too salty.
맛있고, 짜지도 않습니다.

6) **We can also customize** any dish to make it less salty if you'd like.
원하시면, 기본 맛보다 덜 짜게 만들어드릴수도 있습니다.

> ▶ **We can also customize**
> '우리는 또한 요구대로 만들어 드릴 수도 있습니다.'라는 의미로 소비자가 원하는 대로 맞춰서 조리한다는 의미이다.
> * customize : 주문제작하다.

7) Great, the grilled chicken salad sounds good.
좋아요. 석쇠에 구운 닭 샐러드가 좋겠네요.

8) Good! I'll get that order in for you right away.
알겠습니다. 바로 주문 전달하도록 하겠습니다.

주문할 때 특별히 요청하기

 오늘의 표현　　　　　　　　　　　　　　Daily Check.

"맵지 않은 요리로 추천 좀 해주실래요?"
(너무 맵지 않은 요리를 원해요)

음식을 주문할 때 본인의 입맛을 고려해서 특별한 요청을 할 수 있다. 해외에는 익숙하지 않은 소스가 많아 입맛에 매운 음식이 나올 수 있으므로 미리 맵지 않은 음식을 추천해달라고 할 수 있다.

- Could you recommend something ~ ?
- that isn't spicy

"맵지 않은 요리로 추천 좀 해주실래요?"
→ "Can you recommend something that isn't spicy?"

🎧 **오늘의 대화 들어보기** 해당 강의 시청 ▶▶▶   원어민 대화 ▶▶▶

You Can you recommend something that isn't spicy?
맵지 않은 요리로 추천 좀 해주실래요?

Server Of course! Are you in the mood for a specific type of cuisine or dish?
물론입니다. 혹시 원하시는 요리나 음식이 따로 있습니까?

You Not really, I'm open to anything.
딱히 없어요. 아무거나 상관없습니다.

Server How about our chicken Alfredo pasta? It's creamy and flavorful without any heat.
저희 치킨 알프레도 파스타는 어떠실까요? 크림이 많이 들어가서 전혀 맵지 않고 맛있습니다.

You That sounds perfect. Is it very rich?
좋을 것 같네요. 크림이 진한가요?

Server It's creamy, but we can adjust it to be lighter if you prefer.
크림이 많이 들어가지만, 원하시면 조절해서 입맛에 부담되지 않게 만들어드릴 수는 있습니다.

You Please do, thank you!
그럼 그걸로 할게요. 감사합니다!

💬 대화 TIP 연습하고 문장 반복해서 외우기

1) Can you recommend something that isn't spicy?
맵지 않은 요리로 추천 좀 해주실래요?

* something that isn't spicy : 맵지 않은 음식, 요리

2) Of course! Are you in the mood for a specific type of cuisine or dish?
물론입니다. 혹시 원하시는 요리나 음식이 따로 있습니까?

▶ **Are you in the mood for ~**

보통 회화에서 'Are you in the mood for~'라고 하면 원래는 '~하실 기분이신 가요?'라는 의미가 된다. 식당에서 직원이 손님에게 물어봤다면, '~원하십니까?' 정도로 해석한다.

* specific : 특별한
* type : 유형, 종류
* cuisine : 좋은 요리, 제대로 갖춘 요리
* dish : 식사용으로 만든 요리

3) Not really, I'm open to anything.
딱히 없어요. 아무거나 상관없습니다.

4) How about our chicken Alfredo pasta?
저희 치킨 알프레도 파스타는 어떠실까요?

* chicken Alfredo pasta : 치킨 알프레도 파스타(버터와 치즈를 곁들인 닭고기 파스타)

5) It's creamy and flavorful **without any heat**.
크림이 많이 들어가서 전혀 맵지 않고 맛있습니다.

> ▶ **without any heat**
> 보통은 'without any heat'은 '아무런 열도 없이, 열을 가하지 않은'이라는 의미이다. 하지만 여기 상황에서의 의미는 '전혀 맵지 않은'이라고 해석한다.
> * creamy : 크림이 많은, 질척한
> * flavorful : 풍미 있는, 맛 좋은

6) That sounds perfect.
좋을 것 같네요.

7) Is it very rich?
크림이 진한가요?

> * rich : 맛이 풍부한

8) It's creamy,
크림이 많이 들어가긴 합니다.

9) but **we can adjust it to** be lighter if you prefer.
그러나, 원하시면 조절해서 입맛에 부담되지 않게 만들어드릴 수는 있습니다.

> ▶ **We can adjust it to ~**
> 'it'을 '~에 맞게 조절하다, 조정하다.'라는 의미로 해석한다. 뒤에 'be lighter'은 'it'을 설명해준다고 보면 된다. '조금은 가볍게 만들어 드릴 수 있다.' 즉, '크림을 조금 빼서 가볍고 부담스럽지 않게 만들 수 있다'고 해석하면 된다.

10) Please do, thank you!
그럼 그걸로 할게요. 감사합니다!

주문할 때 특별히 요청하기

Daily Check.

 오늘의 표현

"한 사람이 먹기에 적당한 양의
요리를 추천해 주실래요?"
(혼자 먹기 적당한 요리를 원해요)

해외에서는 1인분 개념이 많이 다를 수 있다. 만약 혼자 식당을 가게 된다면, 음식 양이 너무 많아 남길 수 있으므로 먼저 직원에게 혼자 먹을 수 있는 양을 물어보자.

- Can you recommend a dish ~?
- that's a good portion size for ~.

"한 사람이 먹기에 적당한 양의 요리를 추천해주실래요?"
→ "Can you recommend a dish that's a good portion size for one person?"

* portion : 음식 1인분, 일부

🎧 **오늘의 대화 들어보기** 해당 강의 시청 ▶▶▶   원어민 대화 ▶▶▶

You Hi, can you recommend a dish that's a good portion size for one person?
안녕하세요. 한 사람이 먹기에 적당한 양의 요리를 추천해주실래요?

Server Of course! Would you prefer something light, or are you looking for a full meal?
알겠습니다! 가볍게 드실 음식을 찾으시나요? 아니면 든든한 식사를 하시고 싶은가요?

You I'm quite hungry, so a full meal would be great.
무척 배가 고파서 든든하게 먹고 싶네요.

Server In that case, our personal pizza is a popular choice. It's perfectly sized for one and very filling.
그럴 땐 저희 1인용 피자를 많이 고르시더라고요. 완벽하게 1인용 사이즈이고 포만감도 주거든요.

You That sounds good. Can I choose the toppings?
좋아요. 제가 토핑도 고를 수 있나요?

Server Absolutely, you can customize it however you like.
그럼요, 원하시는 대로 고르실 수 있습니다.

You Great, I'll go with that then. Thank you!
좋아요. 그럼 그걸로 할게요. 감사합니다.

💬 대화 TIP 연습하고 문장 반복해서 외우기

1) Hi, can you recommend a dish that's a good portion size for one person?
안녕하세요. 한 사람이 먹기에 적당한 양의 요리를 추천해주실래요?

> * a good portion size : 적당한 1인분 사이즈
> * for one person : 한 사람을 위한, 한 사람이 먹기에

2) Of course! Would you prefer something light,
알겠습니다! 가볍게 드실 음식을 찾으시나요?

> * something light : 가벼운 음식, 부담스럽지 않은 음식

3) or are you looking for a full meal?
아니면 든든한 식사를 하시고 싶은가요?

> * full meal : 든든한 한 끼, 배부른 식사

4) I'm quite hungry, so a full meal would be great.
무척 배가 고파서 든든하게 먹고 싶네요.

5) In that case, our personal pizza is a popular choice.
그럴 땐 저희 1인용 피자를 많이 고르시더라고요.

> * personal pizza : 개인 피자, 1인 피자

6) **It's perfectly sized for one** and very filling.
완벽하게 1인용 사이즈이고 포만감도 주거든요.

> ▶ **It's perfectly sized for one**
> 이 문장은 수동태로 'size'가 '크기나 치수를 부여하다'라는 동사의 의미로 'be sized' 즉, '~로 크기가 되었다, ~크기로 판매하도록 부여받았다.'라는 의미이다.
> * filling : 포만감을 주는, 꽉 찬

7) That sounds good.
좋아요.

8) Can I choose the toppings?
제가 토핑도 고를 수 있나요?

> * topping : 음식 위에 얹는 고명이나 토핑

9) Absolutely, you can customize it however you like.
그럼요, 원하시는 대로 고르실 수 있습니다.

10) Great, I'll go with that then. Thank you!
좋아요. 그럼 그걸로 할게요. 감사합니다.

주문할 때 특별히 요청하기

📖 오늘의 표현

Daily Check.

"메뉴판에서 나누어 먹기 좋은 요리 좀 추천해 주시겠어요?"
(같이 나눠 먹기 좋은 요리를 원해요)

여러 사람이 여행 중일 때는 사람 수대로 음식을 시킬 수도 있지만, 자칫 맛도 모르고 양도 몰라 남길 수가 있기 때문에 조금씩 다양하게 음식을 시키는 것도 좋은 방법이다. 여러 사람이 다 같이 먹을 수 있는 음식을 주문해보자.

- Could you recommend something from the menu?
- that's good for sharing.

"메뉴판에서 나누어 먹기 좋은 요리 좀 추천해주시겠어요?"
→ "Could you recommend something from the menu that's good for sharing?"

* sharing : 공유, 같이 나눠 먹는 것

🎧 오늘의 대화 들어보기

You: Could you recommend something from the menu that's good for sharing?
메뉴판에서 나누어 먹기 좋은 요리 좀 추천해주시겠어요?

Server: Definitely! Our tapas platter is perfect for sharing. It has a variety of small bites that everyone loves.
물론이죠! 저희 타파스 플래터가 나누어 드시기에 완벽합니다. 누구나 좋아하는 한 입 거리 음식들로 다양하게 구성되어 있습니다.

You: That sounds interesting. What kind of items are included in the platter?
재미있네요. 그 플래터는 어떤 종류의 음식들로 구성되어 있나요?

Server: It includes things like mini meatballs, cheese croquettes, and garlic shrimp.
미니 미트볼과 치즈 크로켓, 그리고 갈릭 슈림프 같은 음식들로 구성되어 있습니다.

You: Sounds like a plan. We'll go with the tapas platter, please.
좋은 생각이네요. 타파스 플래터로 할게요.

Server: Excellent choice! I'll have that out for you shortly.
잘 선택하셨습니다. 즉시 가져다드리겠습니다.

💬 대화 TIP 연습하고 문장 반복해서 외우기

1) Could you recommend something from the menu that's good for sharing?
메뉴판에서 같이 나누어 먹기 좋은 요리 좀 추천해주시겠어요?

> ▶ **that's good for sharing**
> 여기서 'that'은 앞의 'something'을 꾸며주는 형용사절이다. 'be good for'은 '~에 좋다.'로 해석한다.
> * sharing : 공유, 같이 나눠 먹음

2) Definitely! Our tapas platter is perfect for sharing.
물론이죠! 저희 타파스 플래터가 나누어 드시기에 완벽합니다.

> * tapas platter : 식사 전의 전채 요리로서 술과 곁들여 먹는 소량의 음식
> * platter : 큰 그릇에 다양한 음식들이 함께 제공되는 요리

3) It has a variety of small bites that everyone loves.
누구나 좋아하는 한 입 거리 음식들로 다양하게 구성되어 있습니다.

> ▶ **It has a variety of ~**
> '다양한 ~이 있다.'라고 해석한다.
> * small bites : 한 입

4) That sounds interesting.
재미있네요.

5) **What kind of items are included in** the platter?
그 플래터는 어떤 종류의 음식들로 구성되어 있나요?

> ▶ **What kind of items are included in ~**
>
> 'What kind of items'는 '어떤 종류의 음식들'이라고 보면 된다. '~에는 어떤 종류의 음식들로 구성되어 있습니까?'
>
> * platter : 큰 그릇에 다양한 음식들이 함께 제공되는 요리

6) It includes things like mini meatballs, cheese croquettes, and garlic shrimp.
미니 미트볼과 치즈 크로켓, 그리고 갈릭 슈림프 같은 음식들로 구성되어 있습니다.

> * meatballs : 미트볼, 고기 완자
> * cheese croquettes : 치즈 크로켓
> * garlic shrimp : 갈릭 슈림프

7) Sounds like a plan.
좋은 생각이네요.

8) We'll go with the tapas platter, please.
타파스 플래터로 할게요.

9) Excellent choice! I'll have that out for you shortly.
잘 선택하셨습니다. 즉시 가져다드리겠습니다.

주문할 때 특별히 요청하기

 오늘의 표현

Daily Check.

"오늘 런치 스페셜이 있나요?"
(런치 스페셜 메뉴를 원해요)

특정 시간에 손님을 끌기 위해 여러 식당에서는 각종 할인 메뉴를 선보이기도 한다. 보통 크게 2가지가 있는데 하나는 점심 시간때 저렴한 가격에 다양한 음식을 내놓는 '런치 스페셜' 메뉴가 있고, 또 하나는 손님이 붐비지 않는 특정 시간대에 특별 할인가로 제공하는 '해피 아워'가 있다. 우선 '런치 스페셜' 메뉴가 있는지 물어보는 표현을 배워보자.

"오늘 런치 스페셜이 있나요?"
→ "Do you have any lunch specials today?"

- Do you have ~ ?
- lunch specials

🎧 **오늘의 대화 들어보기** 해당 강의 시청 ▶▶▶   원어민 대화 ▶▶▶

You
Do you have any lunch specials today?
오늘 런치 스페셜이 있나요?

Server
Yes, we do! Today's special is a grilled chicken Caesar salad and it comes with a soup of your choice.
네 있습니다. 오늘은 석쇠에 구운 닭 시저 샐러드와 고객님께서 고르신 스프입니다.

You
That sounds good. What soups do you have?
좋네요. 어떤 스프가 있나요?

Server
We have tomato basil and chicken noodle today.
토마토 바질 스프와 치킨 누들 스프가 있습니다.

You
I'll go with the chicken noodle soup, please.
치킨 누들 스프로 할게요.

Server
Great choice! I'll get that order in for you.
잘 선택하셨습니다. 주문 전달하도록 하겠습니다.

대화 TIP 연습하고 문장 반복해서 외우기

1) Do you have any lunch specials today?
오늘 런치 스페셜이 있나요?

> ▶ **Do you have any lunch specials today?**
>
> '~이 있나요?' 라고 물어볼 때, 크게 두 가지 표현을 많이 쓴다. 하나는 'Is there ~?'로 시작하는 문장이고, 또 하나는 'Do you have ~?' 문장이다.
>
> * lunch specials : 점심 특별가 음식들

2) Yes, we do! Today's special is a grilled chicken Caesar salad
네 있습니다. 오늘은 석쇠에 구운 닭 시저 샐러드와

> * grill : 석쇠, 그릴
> * grilled : 석쇠에 구운
> * Caesar salad : 미국인 Caesar가 만든 튀긴 빵조각, 치즈, 계란 등으로 드레싱을 만들어 버무려 먹는 샐러드

3) and it comes with a soup of your choice.
고객님께서 고르신 스프입니다.

> ▶ **it comes with**
>
> '~와 함께 제공된다.'라는 의미로 보면 된다. 보통 식당에서 곁들여지는 음식을 설명할 때 많이 쓰는 표현이다.

4) That sounds good.
   좋네요.

5) What soups do you have?
   어떤 스프가 있나요?

6) We have tomato basil and chicken noodle today.
   토마토 바질 스프와 치킨 누들 스프가 있습니다.

   *tomato basil : 바질을 얹은 토마토 스프
   *chicken noodle : 숏 파스타를 넣은 치킨 스프

7) I'll go with the chicken noodle soup, please.
   치킨 누들 스프로 할게요.

8) Great choice!
   잘 선택하셨습니다.

9) I'll get that order in for you.
   주문 전달하도록 하겠습니다.

주문할 때 특별히 요청하기

 오늘의 표현

Daily Check.

"해피 아워 스페셜이 있나요?"
"해피 아워는 얼마 동안인가요?"
(해피 아워 메뉴를 원해요)

식당에서는 특정 시간에 손님을 끌기 위해 할인 메뉴를 내놓는다. 점심 시간에는 주로 '런치스페셜' 메뉴를, 손님이 뜸한 시간에는 '해피 아워' 메뉴를 선보인다. 각 식당마다 적용 시간이 다르므로,
첫째, 해피 아워가 있는지,
둘째, 해피 아워가 몇 시간동안 주어지는지 물어보는 표현을 배워보자.

"해피 아워 스페셜이 있나요?"
→ "Do you have any happy hour specials on food?"

"해피 아워는 얼마 동안인가요?"
→ "How long is happy hour?"

🎧 오늘의 대화 들어보기

You: Do you have any happy hour specials on food?
해피 아워 스페셜이 있나요?

Server: Yes, we do! During happy hour, we offer discounts on our appetizers, like chicken wings.
네 있습니다. 해피 아워 동안 저희는 치킨 윙과 같은 전채 요리들을 할인하고 있습니다.

You: That sounds great. I'll try the chicken wings then. How long is happy hour?
좋네요. 그럼 치킨 윙으로 할게요. 해피 아워는 언제부터 언제까지인가요?

Server: Happy hour runs from 4 to 6 PM. You're just in time.
해피 아워는 오후 4시부터 6시까지입니다. 때마침 오셨어요.

You: Perfect, thank you!
그렇군요, 감사합니다!

Server: You're welcome! I'll put that order in for you.
천만에요, 주문 전달하도록 하겠습니다.

💬 대화 TIP 연습하고 문장 반복해서 외우기

1) **Do you have any happy hour specials on food?**
   해피 아워 스페셜이 있나요?

   > * happy hour : 특별 할인 시간대

2) **Yes, we do!**
   네 있습니다.

3) **During happy hour, we offer discounts on our appetizers, like chicken wings.**
   해피 아워 동안 치킨 윙과 같은 전채 요리들을 할인하고 있습니다.

   > ▶ **We offer discounts on ~**
   > 보통 회화에서 '~에 대해 할인을 제공합니다.'라는 의미로 사용된다.
   > * offer : 제공하다
   > * discounts : 'discount'는 가산명사로 보통 'a discount'라고 하는데 여기서는 '많은 음식에 대한 할인'을 얘기하는 경우이므로 'discounts'라고 복수로 표현한다.
   > * appetizers : 전채 요리들

4) **That sounds great.**
   좋네요.

5) **I'll try the chicken wings then.**
   그럼 치킨 윙으로 할게요.

   > ▶ **I'll try**
   > 보통 먹는 것 앞에 'try'가 사용되면 '~을 먹어보다, 시도해 보다.' 등으로 해석하면 된다.
   > * then : 그러면

6) How long is happy hour?
해피 아워는 언제부터 언제까지인가요?

> ▶ **How long is happy hour?**
> 'How long is ~ ?' 는 속성문법에서도 배웠지만, 길이의 의미 보다는 시간의 의미가 더 강하다. '시간이 얼마나 길게 유효한지'를 물어보는 질문이다. 뒤에 명사만 써주면 된다.
> - How long is the wait? : 대기 시간은 얼마인가요?
> - How long is the lease? : 계약 기간은 얼마인가요?
> - How long is the course? : 코스 기간은 얼마인가요?

7) Happy hour runs from 4 to 6 PM.
해피 아워는 오후 4시부터 6시까지입니다.

> ▶ **Happy hour runs from 4 to 6 P.M.**
> 보통 회화에서 'run' 동사는 '달리다'라는 의미보다는 '운영하다'라는 의미로 더 많이 쓰인다. 그래서 '해피 아워는 4시부터 6시까지 운영된다.'라고 해석이 된다.
> * from A to B : A에서 B까지

8) You're just in time.
때마침 오셨어요.

> ▶ **You're just in time.**
> '제 시간에 딱 맞춰 왔다.'라는 표현이다.
> * on time : 시간을 어기지 않고 정각에   * in time : ~에 늦지 않게

9) Perfect, thank you!
그렇군요, 감사합니다!

10) You're welcome! I'll put that order in for you.
천만에요, 주문 전달하도록 하겠습니다.

주문할 때 특별히 요청하기

 오늘의 표현

 Daily Check.

> "오늘의 특별 요리에 대해 설명해주실래요?"
> "음식에 어울리는 와인으로 어떤 것을 추천하시나요?"
> (오늘의 특별 요리를 원해요)

해외 식당에서는 내세울만한 요리사가 있거나 그 식당이 요리에 자신이 있을 경우 '오늘의 요리'라는 이름으로 매일 손님들에게 다양한 메뉴를 제공하는 경우가 있다. 보통 'daily special' 혹은 'today's special'이라고 하는데 우리도 한 번 요청해보자.

"오늘의 특별 요리에 대해 설명해주실래요?"
→ "Could you tell me about the daily special?"

"음식에 어울리는 와인으로 어떤 것을 추천하시나요?"
→ "What would you recommend as a wine pairing with that?"

🎧 오늘의 대화 들어보기   해당 강의 시청 ▶▶▶   원어민 대화 ▶▶▶

You Could you tell me about the daily special?
오늘의 특별 요리에 대해 설명해주실래요?

Server Certainly. Today's special is a pan-seared duck breast with a cherry sauce.
그럼요. 오늘의 특별 요리는 체리 소스를 곁들여 팬에 가볍게 구운 오리 가슴살 요리 입니다.

You That sounds delightful. What would you recommend as a wine pairing with that?
맛있겠는데요. 음식에 어울리는 와인으로 어떤 것을 추천하시나요?

Server With the duck breast, I would recommend our Pinot Noir.
피노 누아르를 권해드리고 싶습니다.

You That sounds like a perfect pairing. I'll have the daily special with the Pinot Noir, please.
완벽한 페어링 같네요. 그럼 오늘의 특별 요리와 피노 누아르로 할게요.

Server Excellent choice. I'll bring out your wine first, and the daily special will be prepared shortly.
잘 선택하셨습니다. 우선 와인부터 드리고 나서, 즉시 오늘의 특별 요리 준비해드리겠습니다.

💬 대화 TIP 연습하고 문장 반복해서 외우기

1) Could you tell me about the daily special?
오늘의 특별 요리에 대해 설명해주실래요?

> ▶ **Could you tell me about ~**
> 이미 메뉴가 있음을 인지하고, 그 메뉴에 대해 설명해달라고 할 때 사용하는 표현이다. 'tell'이라는 동사는 단순히 '말하다'가 아니라 '남에게 설명하거나 일러주다'라는 의미를 포함하고 있다.
> * the daily special : 매일 다르게 제공되는 스페셜 요리

2) Certainly.
그럼요.

3) Today's special is a pan-seared duck breast with a cherry sauce.
오늘의 특별 요리는 체리 소스를 곁들여 팬에 가볍게 구운 오리 가슴살 요리 입니다.

> * pan : 손잡이가 달린 얕은 팬
> * sear : 겉 부분만 살짝 그슬다.
> * pan-seared duck breast : 겉 부분만 살짝 그슬린 오리 가슴살
> * cherry sauce : 체리 소스

4) That sounds delightful.
맛있겠는데요.

5) What would you recommend as a wine pairing with that?
음식에 어울리는 와인으로 어떤 것을 추천하시나요?

> ▶ **as a wine pairing with that?**
> 여기서 'as'는 '~로써'라는 의미이며 뒤에 나오는 명사를 지시한다. 'as a wine', 즉 '와인으로써 무엇을 추천하겠는가?'라는 표현이다. 'pairing with that'은 '오리 가슴살 요리와 어울리는, 짝을 이루는'이라고 해석한다.
> * pair : 짝을 짓다.

6) With the duck breast, I would recommend our Pinot Noir.
피노 누아르를 권해드리고 싶습니다.

> * Pinot Noir : 프랑스 부르고뉴 지역의 대표적인 레드 와인

7) That sounds like a perfect pairing.
완벽한 페어링 같네요.

8) I'll have the daily special with the Pinot Noir, please.
그럼 오늘의 특별 요리와 피노 누아르로 할게요.

9) Excellent choice.
잘 선택하셨습니다.

10) I'll bring out your wine first,
우선 와인부터 드리고 나서,

> * bring out : 꺼내 가지고 오다.

11) and the daily special will be prepared shortly.
즉시 오늘의 특별 요리 준비해드리겠습니다.

DAY 34 주문할 때 특별히 요청하기

오늘의 표현

Daily Check.

"빨리 나오는 요리 좀 추천해주실 수 있을까요?"
"얼마나 걸릴까요?"
(빨리 제공되는 요리를 원해요)

여행 중에 다음 일정이 촉박한 상황에서 식사를 해야 하는 경우가 있을 수 있다. 현지 성격에 따라 음식이 빨리 나올 때도 있고 매우 느리게 나오는 경우도 있으니 주문 전에 미리 사정을 말하고 요청을 해보자.

"빨리 나오는 요리 좀 추천해주실 수 있을까요?"
→ "Could you recommend something that can be served quickly?"

"얼마나 걸릴까요?"
→ "How long will it take?"

🎧 오늘의 대화 들어보기

해당 강의 시청 ▶▶▶   원어민 대화 ▶▶▶

You
I'm in a bit of a hurry. Could you recommend something that can be served quickly?
제가 좀 바쁜데요. 빨리 나오는 요리 좀 추천해주실 수 있을까요?

Server
Absolutely! Our turkey club sandwich is not only delicious but also quick to prepare. Would that work for you?
그럼요! 저희 터키 클럽 샌드위치가 맛도 뛰어날 뿐만 아니라, 빨리 준비된답니다. 괜찮으실까요?

You
Yes, that sounds great. How long will it take?
네 좋습니다. 얼마나 걸릴까요?

Server
It should take no more than ten minutes. Is that okay?
10분도 채 안 걸립니다. 괜찮으신가요?

You
Perfect, I'll have that then. Thank you!
너무 좋아요, 그럼 그걸로 할게요. 감사합니다.

Server
You're welcome! I'll make sure it's out in no time.
천만에요, 금방 드실 수 있도록 하겠습니다.

💬 대화 TIP 연습하고 문장 반복해서 외우기

1) I'm in a bit of a hurry.
제가 좀 바쁜데요.

> ▶ **I'm in a bit of a hurry.**
>
> 원래 문장은 'I'm in a hurry.'라고 한다. 바쁘다는 걸 더 강조하기 위해 중간에 'a bit of'를 사용해서 표현했다. = I'm in (a bit of) a hurry.

2) Could you recommend something that can be served quickly?
빨리 나오는 요리 좀 추천해주실 수 있을까요?

> ▶ **something (that can be served quickly?)**
>
> 뒤에 (that can be served quickly?) 이 앞의 'something'을 꾸며준다고 보면 된다.
> * be served : 제공되는
> * quickly : 빨리

3) Absolutely!
그럼요!

4) Our turkey club sandwich is not only delicious but also quick to prepare.
저희 터키 클럽 샌드위치가 맛도 뛰어날 뿐만 아니라, 빨리 준비된답니다.

> ▶ **not only A but also B**
>
> 'A뿐만 아니라, B이기도 하다.'라는 의미로 해석한다. 여기서 A, B는 서로 같은 형태가 와야 한다. = not only delicious (형용사) but also quick (형용사)

5) Would that work for you?
괜찮으실까요?

6) Yes, that sounds great. How long will it take?
네 좋습니다. 얼마나 걸릴까요?

> ▶ How long will it take?
> 보통 걸리는 시간을 물어볼 때 사용하는 표현이다. 이때 동사는 반드시 'take'를 사용한다.

7) It should take no more than ten minutes. Is that okay?
10분도 채 안 걸립니다. 괜찮으신가요?

> * no more than : 채 ~에 지나지 않다.

8) Perfect, I'll have that then. Thank you!
너무 좋아요, 그럼 그걸로 할게요. 감사합니다.

9) You're welcome! I'll make sure it's out in no time.
천만에요, 금방 드실 수 있도록 하겠습니다.

> * in no time : 당장, 금방, 즉시

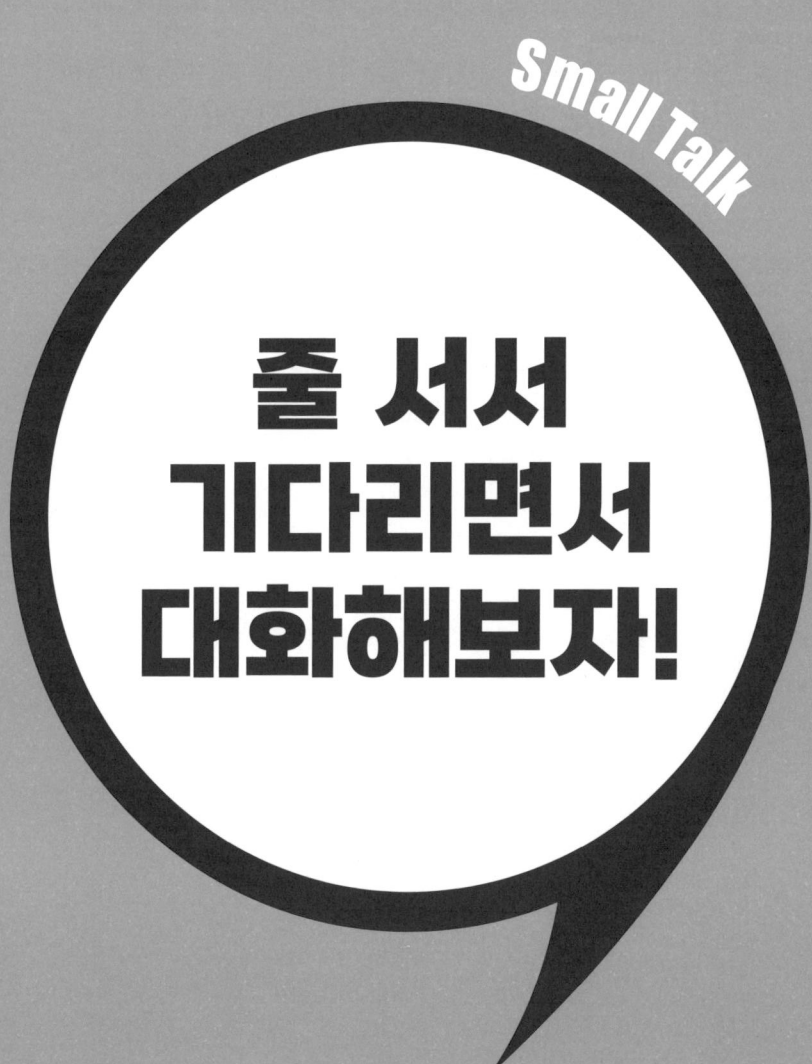

관광지에서 기다리면서 관광객에게 말 걸기

📖 오늘의 표현

Daily Check.

"여기서 보는 경치가 정말 멋지겠네요."
"전에 올라와 보셨어요?"
(같이 줄 서있는 관광객에게 말 걸기 - 1)

관광지에서 줄을 서서 기다리느라 꽤 많은 시간을 그냥 흘려보내는 경우가 있다. 앞뒤 외국인 관광객과 즐거운 담소를 나눌 수 있는 시간이므로 먼저 말을 걸어보자. 서로 공통 관심사가 해당 관광지이므로 관광지에 대한 기대감을 표현하고 전에 온 적 있는지 물어보자.

"여기서 보는 경치가 정말 멋지겠네요."
→ "The view from here must be amazing."

"전에 올라와 보셨어요?"
→ "Have you been up before?"

🎧 **오늘의 대화 들어보기**　　해당 강의 시청 ▶▶▶　　원어민 대화 ▶▶▶

You　　The view from here must be amazing. Have you been up before?
여기서 보는 경치가 정말 멋지겠네요. 전에 올라와 보셨어요?

Tourist　　No, it's my first time. I'm Alex, by the way.
아니요, 처음이에요. 아무튼 저는 알렉스라고 합니다.

You　　Nice to meet you, Alex. I'm Taylor. Maybe we can discover the view together?
만나서 반가워요, 알렉스. 저는 테일러라고 해요. 아마 우리 같이 좋은 경치를 볼 수 있겠네요?

Tourist　　That would be great, Taylor. I'm looking forward to it!
좋을 것 같아요. 테일러, 기대되네요.

대화 TIP 연습하고 문장 반복해서 외우기

1) The view from here must be amazing.
여기서 보는 경치가 정말 멋지겠네요.

> ▶ **must be amazing**
>
> 조동사 + be 동사 형태인 'must be'는 '~임에 틀림없다.'라는 강한 추측의 의미를 가지고 있다. '여기서 보는 경치가 틀림없이 멋있을 것 같다.'라는 의미로 해석한다.
> - can be ~ : ~일수도 있다.
> - might be ~ : 어쩌면 ~일지 모른다.
> - may be ~ : ~할지 모른다.
> - must be ~ : ~임에 틀림없다.

2) Have you been up before?
전에 올라와 보셨어요?

> ▶ **Have you been up before?**
>
> 여행지에서 만난 사람에게 이렇게 물어본다면, 그 사람이 그 장소나 특정 명소를 이전에 방문한 적이 있는지에 대해 묻는 질문이다. 'up'은 단순히 고도가 높은 장소를 의미하기도 하고, 특정 지역이나 장소를 의미하기도 한다. 여기서는 관광지에서 바라보는 view를 언급했으므로 약간 높은 장소에 대해 올라와 본적 있냐고 물어보는 질문으로 보는 것이 맞다.

3) No, it's my first time.
아니요, 처음이에요.

4) I'm Alex, by the way.
아무튼 저는 알렉스라고 합니다.

5) Nice to meet you, Alex. I'm Taylor.
만나서 반가워요, 알렉스. 저는 테일러라고 해요.

6) Maybe we can discover the view together?
아마 우리 같이 좋은 경치를 볼 수 있겠네요?

> ▶ **we can discover the view**
>
> 해당 장소가 높은 위치의 관광지이고, 높이 올라간 후 경치를 보는 상황이므로 눈 아래에 펼쳐진 엄청나게 많은 장소 중에서 멋진 장소를 발견할 수 있지 않을까 하는 의미이다. 높은 장소에서 좋은 경치를 내려다볼 때 'discover the view' 한다고 표현한다.

7) That would be great, Taylor.
좋을 것 같아요. 테일러,

8) I'm looking forward to it!
기대되네요.

관광지에서 기다리면서 관광객에게 말 걸기

📖 오늘의 표현

Daily Check.

> "오늘 사람들이 많이 붐비네요."
> "항상 이런거겠죠?"
> (같이 줄 서있는 관광객에게 말 걸기 - 2)

관광지에서 줄이 너무 길 때 줄을 서 있는 모두가 같은 상황이라 외국인 관광객과 대화하기가 더 쉽다. 대기 줄이 길다는 표현으로 먼저 말을 걸어보고, 그 관광지에 대한 정보도 나눠보자.

"오늘 사람들이 많이 붐비네요"
→ "It's pretty crowded today, huh?"

"항상 이런거겠죠?"
→ "I'm guessing it's always like this?"

🎧 **오늘의 대화 들어보기**　　해당 강의 시청 ▶▶▶ 　　원어민 대화 ▶▶▶

You　　It's pretty crowded today, huh? I'm guessing it's always like this?
오늘 사람들이 많이 붐비네요. 항상 이런거겠죠?

Tourist　　It seems so. First time here?
그런 거 같아요. 여기 처음 와보셨어요?

You　　Yeah, first time. Any idea how long the wait usually is?
네, 처음이에요. 대기 시간이 보통 얼마나 되는지 아세요?

Tourist　　Not sure, but it's said to be worth it.
잘 모르겠네요. 하지만 그만한 가치가 있다고 들었어요.

You　　Sounds like a plan, Glad to have someone to chat with while we wait.
좋아요, 기다리는 동안 대화할 사람이 있어서 좋네요.

대화 TIP 연습하고 문장 반복해서 외우기

1) It's pretty crowded today, huh?
오늘 사람들이 많이 붐비네요.

> ▶ **It's pretty crowded today.**
>
> 보통 특정 장소에 '사람이 많다, 붐빈다.'라는 표현을 할 때는 'be crowded'를 주로 사용한다. 'crowd' 동사는 '장소를 가득 메우다.'라는 의미가 있어서 'be crowded'와 같이 수동태로 사용되면 '어떤 장소가 메워지다' 즉 '붐비다'라고 해석된다. 항상 수동태로 주로 쓰인다는 것을 알아두자.

2) I'm guessing it's always like this?
항상 이런거겠죠?

> ▶ **I'm guessing.**
>
> 추측이나 가정을 표현할 때 사용되며, 흔히 쓰이는 'I guess'와 같은 의미이다. 구별하자면, 'I guess'가 좀 더 흔하게 사용되며, 단순한 추측이나 견해를 나타냄에 반해, 'I'm guessing'은 현재 상황을 좀 더 강조하고 싶을 때 사용하는 경향이 있다.

3) It seems so.
그런 거 같아요.

> ▶ **It seems so.**
>
> '그렇게 보인다.', '그런 것 같다.'라는 표현이다. 'I think so'가 보통 말하는 사람의 의견이나 생각을 표현한다고 하면, 'It seems so'는 어떤 눈에 벌어진 상황을 보니 그런 것 같다라는 의미가 강하다.

4) First time here?
여기 처음 와보셨어요?

> ▶ **First time here?**
>
> 'Is it your first time here?'에서 앞의 'Is it your'을 생략한 표현이다.

5) Yeah, first time.
네, 처음이에요.

6) Any idea how long the wait usually is?
대기 시간이 보통 얼마나 되는지 아세요?

> ▶ **Any idea how long the wait usually is?**
>
> 원래 문장은 'Do you have any idea how long the wait usually is?' 이다.
> "대기 시간이 얼마나 되는지 아세요?" 라고 해석한다.

7) Not sure, but it's said to be worth it.
잘 모르겠네요. 하지만 그만한 가치가 있다고 들었어요.

> ▶ **Not sure, but it's said to be worth it**
>
> 원래 문장은 I'm not sure, but it's said to be worth it. 이다.
> 보통 회화에서 'it is said to~'라는 문장을 많이 쓰는데, '~라고 들리다, ~라고 전해오다.'라는 의미로 해석한다.
> * be worth it : 그럴만한 가치가 있다.

8) Sounds like a plan,
좋아요,

9) Glad to have someone to chat with while we wait.
기다리는 동안 대화할 사람이 있어서 좋네요.

> * chat with : ~와 대화하다.
> * while : ~ 하는 동안

DAY 37 관광지에서 기다리면서 관광객에게 말 걸기

오늘의 표현

Daily Check.

"줄이 정말 기네요, 그렇죠?"
"여기가 그렇게 좋다는 이야기를 많이 들었어요."
(같이 줄 서있는 관광객에게 말 걸기 - 3)

관광지에서 줄이 너무 길 때 쓰는 또 다른 표현이다. 줄 자체가 길다는 직접적 표현으로 먼저 말을 걸어보고, 그 관광지에 대한 정보를 나눠보자.

"줄이 정말 기네요, 그렇죠?"
→ "The line is quite long, isn't it?"

"여기가 그렇게 좋다는 이야기를 많이 들었어요.?"
→ "I've heard so many great things about this place."

🎧 **오늘의 대화 들어보기**   해당 강의 시청 ▶▶▶   원어민 대화 ▶▶▶

You: Wow, the line is quite long, isn't it?
와, 줄이 정말 기네요, 그렇죠?

Tourist: Yeah, it really is. Is this your first time here?
정말 그러네요. 여기 처음 오신건가요?

You: Yes, it's my first visit. I've heard so many great things about this place. How about you?
네, 첫 방문이에요. 여기가 그렇게 좋다는 이야기를 많이 들었어요. 당신은요?

Tourist: I've been here a couple of times. It's always worth the wait though. There's a lot to see.
저는 여기 몇 번 왔었어요. 그래도 늘 기다릴만하죠. 볼 게 많아요.

You: That's good to hear. Any tips for a first-timer like me?
다행이네요. 저 같은 첫 방문자를 위한 팁이 있을까요?

Tourist: Definitely! Make sure you check out the special exhibit on the third floor. It's easy to miss but absolutely fascinating.
물론이죠! 3층에 있는 특별 전시관은 꼭 들르세요. 지나쳐버리기 쉬운데, 진짜 끝내줘요.

You: Thanks for the tip!
팁 가르쳐줘서 감사해요!

💬 대화 TIP 연습하고 문장 반복해서 외우기

1) **Wow, the line is quite long, isn't it?**
   와, 줄이 정말 기네요, 그렇죠?

   > * quite : 꽤, 상당히

2) **Yeah, it really is.**
   정말 그러네요.

3) **Is this your first time here?**
   여기 처음 오신건가요?

4) **Yes, it's my first visit.**
   네, 첫 방문이에요.

5) **I've heard so many great things about this place.**
   여기가 그렇게 좋다는 이야기를 많이 들었어요.

6) **How about you?**
   당신은요?

7) **I've been here a couple of times.**
   저는 여기 몇 번 왔었어요.

   > ▶ a couple of times
   >
   > 시간이라는 뜻으로 쓰인 'time'은 셀 수 없는 불가산명사지만, 횟수라는 의미로 사용되면 가산명사로 표현할 수 있다. 'a couple of times'는 '두세 번' 혹은 '여러 번'을 의미한다.

8) It's always worth the wait though.
그래도 늘 기다릴 만하죠.

> ▶ **It's always worth the wait though.**
> 'worth'는 뒤에 목적어를 가지고 오는 특이한 형용사이다. 'worth the wait'라고 하면 '대기할 가치가 있는, 기다릴 가치가 있는'이라는 의미이다. 'though'는 문장 뒤에 붙으면 '그래도 ~하다'라고 해석한다.

9) There's a lot to see.
볼 게 많아요.

10) That's good to hear.
다행이네요.

11) Any tips for a first-timer like me?
저 같은 첫 방문자를 위한 팁이 있을까요?

> * Any tips for a first-timer like me? = (Do you have) any tips for a first-timer like me?
> * a first-timer : 첫 방문자

12) Definitely! Make sure you check out the special exhibit on the third floor.
물론이죠! 3층에 있는 특별 전시관은 꼭 들르세요.

13) It's easy to miss but absolutely fascinating.
지나쳐버리기 쉬운데, 진짜 끝내줘요.

> ▶ **It's easy to miss**
> '놓치기 쉽다' 즉 여기서는 낯선 관광지에서의 얘기이므로 '지나쳐버리기 쉽다.'라고 해석한다.

14) Thanks for the tip!
팁 가르쳐줘서 감사해요!

맛집 줄 서 있는 관광객에게 말 걸기

 오늘의 표현　　　　　　　　　　　Daily Check.

"여기 줄은 줄어들지를 않네요."
(같이 줄 서있는 관광객에게 말 걸기 - 1)

맛집에 줄서서 대기하는 것은 관광지에서 대기할 때와는 또 다른 대화를 할 수 있다. 먼저, '줄이 길다, 사람이 많다'라는 표현으로 말을 건넨 후, 식당에 대해 의견을 나누거나 정보를 교환하는 순서로 표현하면 된다.

"여기 줄은 줄어들지를 않네요."
→ "This line hasn't moved much."

🎧 **오늘의 대화 들어보기** 해당 강의 시청 ▶▶▶   원어민 대화 ▶▶▶

You

This line hasn't moved much. I'm starting to get hungry. I'm Luna, by the way.

여기 줄은 줄어들지를 않네요. 슬슬 배고파지는데, 그나저나 저는 루나라고 해요.

Tourist

I feel the same, Luna. I'm Pat. Have you decided what you're getting?

그러게요. 저도 배고프네요. 저는 팻이라고 합니다. 뭘 먹을지 결정하셨어요?

You

I'm thinking about going with the chef's special, heard it's a game-changer. How about you?

오늘의 쉐프 특선 요리로 할까 생각중이에요. 신의 한 수라고 하더라고요. 당신은요?

Tourist

Oh, the chef's special is fantastic! But you should also try the homemade pie. It's out of this world.

아, 쉐프 특선 요리는 환상적이에요! 하지만 가정용 파이도 드셔보세요. 정말 최고예요.

💬 대화 TIP 연습하고 문장 반복해서 외우기

1) This line hasn't moved much.
여기 줄은 줄어들지를 않네요.

> ▶ **This line hasn't moved much.**
> 그대로 해석하면 '줄이 많이 움직이지 않는다.'라는 의미이다. 여기 상황에서 줄이 움직이는 상황은 줄이 앞으로 줄어드는 상황만 있으므로 '줄이 줄어들지 않는다.'라고 해석한다.

2) I'm starting to get hungry. I'm Luna, by the way.
슬슬 배고파지는데, 그나저나 저는 루나라고 해요.

> ▶ **I'm starting to get ~.**
> 'start'의 현재진행형을 쓴 이유는 '~하기 시작하다.'라는 의미를 강조하기 위해 썼으며, 하나의 회화 패턴으로 알아두자.

3) I feel the same, Luna. I'm Pat.
그러게요. 저도 배고프네요. 저는 팻이라고 합니다.

4) Have you decided what you're getting?
뭘 먹을지 결정하셨어요?

> ▶ **Have you decided what you're getting?**
> 'Have you decided'라고 현재완료형을 쓴 이유는 과거로부터 시작해서 현재의 상태에 초점을 맞추었기 때문이다. 과거 결정에만 초점을 둔 'Did you decide'와는 의미가 조금 다르다. 'get' 동사는 여러 가지로 해석할 수 있다. 여기서는 '~을 먹을지 결정하다'로 해석한다.

5) I'm thinking about going with the chef's special,
   오늘의 쉐프 특선 요리로 할까 생각중이에요.

6) heard it's a game-changer.
   신의 한 수라고 하더라고요.

   > ▶ heard it's a game-changer.
   > 원래 문장은 'I have heard it's a game-changer.'이다. 여기서 'game-changer'는 '상황을 뒤바꿀 수 있는 묘수, 신의 한 수' 정도로 해석한다.

7) How about you?
   당신은요?

8) Oh, the chef's special is fantastic!
   아, 쉐프 특선 요리는 환상적이에요!

9) But you should also try the homemade pie.
   하지만 가정용 파이도 드셔보세요.

   > * homemade : 집에서 만든, 손수 만든

10) It's out of this world.
    정말 최고예요.

    > ▶ It's out of this world.
    > '이 세상에 존재하지 않는다.'라는 의미로서 '그 정도로 뛰어나다, 최고다.'라는 의미로 해석한다.

맛집 줄 서 있는 관광객에게 말 걸기

 오늘의 표현

Daily Check.

"여기 이렇게 줄이 긴 걸 보니 정말 맛있나봐요."
"전에 여기서 드셔 본 적 있으세요?"
(같이 줄 서있는 관광객에게 말 걸기 - 2)

'줄이 길어서 맛있는 식당일 것 같다.'라는 표현으로 말을 건넨 후, 상대방이 여기 와 본 적 있는지 있다면 서로 알고 있는 음식 정보등에 대해 교환해보자.

"여기 이렇게 줄이 긴 걸 보니 정말 맛있나봐요."
→ "This place must be really good with such a long line."

"전에 여기서 드셔본 적 있나요?"
→ "Have you eaten here before?"

🎧 **오늘의 대화 들어보기** 해당 강의 시청 ▶▶▶   원어민 대화 ▶▶▶

You
This place must be really good with such a long line. Have you eaten here before?
여기 이렇게 줄이 긴 걸 보니 정말 맛있나봐요. 전에 여기서 드셔본 적 있나요?

Tourist
No, it's my first time. I've heard it's one of the best spots in town. How about you?
아니요, 처음이에요. 여기가 마을 최고 맛집 중 하나라고 들었는데, 당신은요?

You
Same here, first time. I read some great reviews online.
저도 처음이에요. 저는 온라인에서 좋은 리뷰들을 읽었어요.

Tourist
Yeah, I'm excited to see if it lives up to the hype. What dish are you planning to try?
네, 명성에 부응할지 기대가 되네요. 어떤 요리를 드셔볼 생각인가요?

You
I'm leaning towards their signature dish. It sounds amazing. And you?
저는 이 식당의 대표 음식을 기대하고 있어요. 굉장할 것 같아요. 당신은요?

Tourist
I think I'll do the same.
저도 같은 걸로 할까 해요.

You
Hopefully, it's worth the wait!
기다린 보람이 있기를 바랍니다!

💬 대화 TIP 연습하고 문장 반복해서 외우기

1) This place **must be really good with such a long line.**
   여기 이렇게 줄이 긴 걸 보니 정말 맛있나봐요.

   > ▶ **must be really good with such a long line.**
   > 'must be really good' 의 의미는 그대로 '진짜 좋은가보다. 틀림없이 좋을 것 같다.'라는 의미이고 뒤에 'with such a long line'은 '그렇게 긴 줄을 가지다니' 정도로 해석한다.

2) Have you eaten here before?
   전에 여기서 드셔본 적 있으세요?

3) No, it's my first time.
   아니요, 처음이에요.

4) I've heard it's one of the best spots in town.
   여기가 마을 최고 맛집 중 하나라고 들었는데,

5) How about you?
   당신은요?

6) Same here, first time.
   저도 처음이에요.

7) **I read some great reviews online.**
   저는 온라인에서 좋은 리뷰들을 읽었어요.

> ▶ I read some great reviews online.
> '온라인이나 인터넷에서 리뷰를 읽다.'라는 의미는 'read reviews online'이라고 표현한다.

8) Yeah, I'm excited to see if it lives up to the hype.
네, 명성에 부응할지 기대가 되네요.

> ▶ if it lives up to the hype
> 'live up to the hype'라고 하면 '평판에 맞다, 명성에 부응하다'라고 해석한다.
> * hype : 대대적인 광고, 홍보

9) What dish are you planning to try?
어떤 요리를 드셔볼 생각인가요?

10) I'm leaning towards their signature dish.
저는 이 식당의 대표 음식을 기대하고 있어요.

> ▶ I'm leaning towards their signature dish.
> 'I'm leaning towards ~'라고 하면 원래는 '~쪽으로 기울다.'라는 의미로서 '~쪽을 선호하다.'라고 해석한다.

11) It sounds amazing. And you?
굉장할 것 같아요. 당신은요?

12) I think I'll do the same.
저도 같은 걸로 할까 해요.

13) Hopefully, it's worth the wait!
기다린 보람이 있기를 바랍니다!

맛집 줄 서 있는 관광객에게 말 걸기

오늘의 표현

Daily Check.

> "여기 줄이 생각보다 기네요."
> "그쪽도 여기 처음 오시나요?"
> (같이 줄 서있는 관광객에게 말 걸기 - 3)

맛집 대기 줄에서 '줄이 생각했던 것 보다 길다.'라고 비교형으로 말을 걸어보자. 그리고 상대방이 여기 처음인지 다른 표현으로 물어보자.

"여기 줄이 생각보다 기네요."
→ "This line is longer than I expected."

"그쪽도 여기 처음 오시나요?"
→ "Is this your first time here too?"

🎧 오늘의 대화 들어보기　　해당 강의 시청 ▶▶▶ 　　원어민 대화 ▶▶▶

You　　This line is longer than I expected. Is this your first time here too?
여기 줄이 생각보다 기네요. 그쪽도 여기 처음 오시나요?

Tourist　　Yes, it is. I've heard so much about this place. What brought you here?
네. 저는 여기 식당에 대해 많이 들었어요. 여기 어떻게 오셨어요?

You　　The same, actually. Everyone says it's a must-try. Have you decided what you'll order?
똑같아요. 다들 꼭 먹어봐야 한다고 해서요. 뭐 주문할지 정하셨어요?

Tourist　　Not yet, I'm torn between a couple of dishes. Do you have any recommendations?
아직요. 몇 가지 음식 중에서 고민 중이에요. 추천해주실 만한 요리 있으세요?

You　　I'm thinking about trying their famous burger. It's supposed to be incredible.
여기 유명한 버거를 먹어볼까 생각중이에요. 엄청날 거 같아요.

Tourist　　Sounds tempting. Maybe I'll try that as well. Thanks for the tip!
구미가 당기네요. 저도 똑같은 거로 먹어보려고요. 팁 감사합니다!

💬 대화 TIP 연습하고 문장 반복해서 외우기

1) This line is longer than I expected.
여기 줄이 생각보다 기네요.

> ▶ **This line is longer than I expected.**
> '비교급 + than I expected.' 표현은 회화에서 많이 쓰는 표현이다. 유사한 표현으로 '비교급 + than I thought.'도 함께 알아두자.

2) Is this your first time here too?
그쪽도 여기 처음 오시나요?

3) Yes, it is. I've heard so much about this place.
네. 저는 여기 식당에 대해 많이 들었어요.

4) What brought you here?
여기 어떻게 오셨어요?

> ▶ **What brought you here?**
> 'What' 의문사가 주어로 쓰인 문장으로서 회화에서 많이 쓰이는 표현이다. '무엇이 당신을 여기로 데리고 왔는가?', 다시 말해 '무엇 때문에 여기로 왔나요?', '여기 어떻게 오셨어요?'라고 해석한다. 많이 쓰이는 표현이니 문장을 외워두자.

5) The same, actually.
똑같아요.

6) Everyone says it's a must-try.
다들 꼭 먹어봐야 한다고 해서요.

> * must-try : 반드시 해봐야 하는 것, 반드시 먹어봐야 하는 것.

7) Have you decided what you'll order?
   뭐 주문할지 정하셨어요?

8) Not yet, **I'm torn** between a couple of dishes.
   아직요. 몇 가지 음식 중에서 고민 중이에요.

> ▶ **I'm torn.**
>
> 어원은 'tear = 찢어지다.'라는 단어에서 왔으며 'I'm torn.'이라고 하면 나는 '둘로 찢어졌다.' 즉, '확실히 정하지 못해 망설이다, 고민중이다'라는 의미가 된다. 회화에서 결정하지 못하고 고민한다는 의미로 쓰인다.

9) Do you have any recommendations?
   추천해주실 만한 요리 있으세요?

10) I'm thinking about trying their famous burger.
    여기 유명한 버거를 먹어볼까 생각중이에요.

11) It's supposed to be incredible.
    엄청날 거 같아요.

12) **Sounds tempting.**
    구미가 당기네요.

> ▶ **Sounds tempting.**
>
> 원문은 'It sounds tempting.'이고 'tempting = 구미가 당기는'이라는 의미이다.

13) Maybe I'll try that as well.
    저도 똑같은 거로 먹어보려고요.

14) Thanks for the tip!
    팁 감사합니다!

새치기 한 관광객에게 말해주기

📖 오늘의 표현
Daily Check.

> "오해가 있으셨던 거 같습니다."
> "도착하시기 전에 제가 먼저 줄 서 있었거든요."
> (새치기 한 관광객에게 말해주기 - 1)

해외에서는 영어 표현을 잘 못해서 억울한 일을 당하는 경우가 많다. 특히 줄을 섰을 때 내 자리에 다른 사람이 새치기를 하는 경우 정확하게 지적을 해줄 줄 알아야 한다. 그런 상황에서의 표현들에 대해 배워보자.

"오해가 있으셨던 거 같습니다."
→ "I think there might have been a misunderstanding."

"도착하시기 전에 제가 먼저 줄 서 있었거든요."
→ "I was actually in line here before you arrived."

🎧 오늘의 대화 들어보기

You: Excuse me, I think there might have been a misunderstanding. I was actually in line here before you arrived.
실례합니다, 오해가 있으셨던 거 같습니다. 도착하시기 전에 제가 먼저 줄 서 있었거든요.

Tourist: Oh, I'm so sorry! I didn't realize. Thank you for letting me know.
아, 정말 죄송합니다. 미처 몰랐습니다. 알려주셔서 감사합니다.

You: No problem at all. It's easy to miss in crowded places like this.
아니에요. 이렇게 사람들이 붐비는 데서는 실수할만하죠.

💬 대화 TIP 연습하고 문장 반복해서 외우기

1) Excuse me, I think there might have been a misunderstanding.
실례합니다, 오해가 있으셨던 거 같습니다.

> ▶ **I think there might have been**
> - I think there is ~ : ~가 있는 것 같습니다.
> - I think there might be ~ : ~가 있을지도 모르겠습니다.
> - I think there might have been ~ : ~를 하셨는지 모르겠습니다.

2) I was actually in line here before you arrived.
도착하시기 전에 제가 먼저 줄 서 있었거든요.

> ▶ **I was actually in line**
> 'be in line'은 '줄 안에 있다' 즉, '줄 서 있다.'라는 표현이다. '실은 제가 줄을 서고 있었거든요.'라고 해석한다.

3) Oh, I'm so sorry! I didn't realize.
아, 정말 죄송합니다. 미처 몰랐습니다.

> ▶ **I didn't realize.**
> '미처 상황을 알아차리지 못했다.'는 의미이다.
> * realize : 알아차리다. 이해하게 되다.
> * notice : 상황이나 사물을 보거나 들어서 깨닫다.
> * recognize : 과거 지식이나 경험에 의해 알게 되거나 기억하다.

4) Thank you for letting me know.
알려주셔서 감사합니다.

> * letting me know : 나에게 알리다. 앞에 전치사 for이 있어 동명사형 'letting'으로 표현한다.

5) No problem at all.
아니에요.

6) **It's easy to miss in crowded places** like this.
이렇게 사람들이 붐비는 데서는 실수할만하죠.

> ▶ **It's easy to miss in crowded places**
>
> 'It is easy to ~'는 '~하기 쉽다.'는 의미로 많이 쓰는 회화 표현이다.
> 'It is easy to miss.'라고 하면, '놓치지 쉽다, 잃어버리기 쉽다, 실수하기 쉽다.'로 해석한다. 'crowded'는 '꽉 찬, 붐비는'이란 의미로 주로 특정 장소에서 사람들이 붐빌 때 많이 쓰는 표현이다.

새치기 한 관광객에게 말해주기

 오늘의 표현

> "제가 다음 순서 같아서요."
> "아마 여기 제가 서 있는 거 모르셨나봅니다."
> (새치기 한 관광객에게 말해주기 - 2)

새치기 당했을 때 쓸 수 있는 다른 표현들이다. 특히 이런 분쟁이 있을 수 있는 상황에서는 첫째, 줄 순서가 내가 먼저라는 것을 명시하고 둘째, 상대방이 실수였을 수 있다는 점을 염두에 두고 표현하자.

"제가 다음 순서 같아서요."
→ "I believe I was next in line."

"아마 여기 제가 서 있는 거 모르셨나봅니다."
→ "You might not have noticed me standing here."

🎧 **오늘의 대화 들어보기**   해당 강의 시청 ▶▶▶   원어민 대화 ▶▶▶

You
Hi there! I believe I was next in line. You might not have noticed me standing here.
저기요, 제가 다음 순서 같아서요. 아마 여기 제가 서 있는 거 모르셨나 봅니다.

Tourist
My apologies! I didn't see you. I'll move back right away.
죄송해요! 제가 당신을 못 봤네요. 제자리로 갈게요.

You
Thank you for understanding. It's quite busy today, isn't it?
이해해주셔서 감사합니다. 오늘 굉장히 정신없네요, 그렇지 않나요?

Tourist
Yes, indeed. Thanks for pointing it out kindly.
네, 맞아요, 친절하게 알려주셔서 감사합니다.

🗨 대화 TIP 연습하고 문장 반복해서 외우기

1) Hi there! I believe I was next in line.
저기요, 제가 다음 순서 같아서요.

> ▶ **I believe I was next in line.**
> 보통 'next in line'이라고 하면, '줄 안에서 다음 순서'라는 의미이지만, 회화에서는 꼭 줄이 아니더라도 단순히 '다음 순서'라는 의미로도 많이 쓰인다.
> = You will be next in line for the promotion. : 당신이 다음 승진 대상입니다.

2) You might not have noticed me standing here.
아마 여기 제가 서 있는 거 모르셨나봅니다.

> ▶ **You might not have noticed me ~**
> - You might not notice me ~ : (현재) 아마도 제가 ~한지 모르시는 것 같습니다.
> - You might not noticed me ~ : (현재완료) 아마도 제가 ~한지 모르셨던 것 같습니다.

3) My apologies! I didn't see you.
죄송해요! 제가 당신을 못 봤네요.

> ▶ **My apologies!**
> 상대방에게 '미안합니다.'라고 하는 표현으로 'I am sorry.'보다 좀 더 공식적이고 공손한 표현이다. 다양하게 쓸 수 있다.
> - I am sorry.
> - I apologize.
> - I didn't mean to ~
> - I owe you an apology for~

4) I'll move back right away.
제자리로 갈게요.

* move back : 다시 제자리로 돌아가다.

5) Thank you for understanding.
이해해주셔서 감사합니다.

6) It's quite busy today, isn't it?
오늘 굉장히 정신없네요, 그렇지 않나요?

7) Yes, indeed.
네, 맞아요.

* indeed : '정말로, 실제로'라는 의미로 그렇다는 걸 강조해서 답변할 때 주로 쓰인다.

8) Thanks for pointing it out kindly.
친절하게 알려주셔서 감사합니다.

* point out : 지적하다, 짚고 넘어가다

새치기 한 관광객에게 말해주기

 오늘의 표현

Daily Check.

> "약간 혼선이 있었던 것 같아요."
> "제가 여기 먼저 기다리고 있었거든요."
> (새치기 한 관광객에게 말해주기 - 3)

어떤 상황에서건 서로 오해의 소지가 있을 경우는 갈등이 일어나지 않게 정중하게 표현하는 법이 중요하다. 우회적으로 표현하는 법을 알아두는 것도 괜찮은 방법이다. 첫째, 부득이하게 일이 발생한 것처럼 말하고 둘째, 나의 상황에 대해 알아듣게 전달하자.

"약간 혼선이 있었던 것 같아요."
→ "It seems like there's been a little mix-up."

"제가 여기 먼저 기다리고 있었거든요."
→ "I was actually waiting in line here first."

🎧 오늘의 대화 들어보기　해당 강의 시청 ▶▶▶ 　원어민 대화 ▶▶▶

You　Hello! It seems like there's been a little mix-up. I was actually waiting in line here first.
저기요, 약간 혼선이 있었던 것 같아요. 제가 여기 먼저 기다리고 있었거든요.

Tourist　Oh, I'm terribly sorry! I didn't realize. I'll step behind you.
아, 정말 죄송합니다. 미처 몰랐어요. 제가 뒤로 갈게요.

You　No worries at all, it happens. Thank you for understanding.
걱정마세요. 그럴 수 있어요. 이해해주셔서 감사해요.

Tourist　Of course, and thank you for being so polite about it.
물론이죠, 정중하게 알려주셔서 감사합니다.

💬 대화 TIP 연습하고 문장 반복해서 외우기

1) Hello! It seems like there's been a little mix-up.
저기요, 약간 혼선이 있었던 것 같아요.

> ▶ **It seems like + 문장**
> 'It seems like' 다음에 꼭 단어만 오는 것이 아니라 문장 전체도 올 수 있다.
>
> ▶ **There's been a little mix-up.**
> 과거 어떤 시점에서 지금 현재 상황까지 일어난 일이므로 현재완료형으로 표현했다.
>
> * mix-up : 혼동, 혼란

2) I was actually waiting in line here first.
제가 여기 먼저 기다리고 있었거든요.

> ▶ **I was actually waiting in line here first.**
> 뒤에 'first'라는 단어를 주의하자. '어떤 순서에서 첫 번째'라는 의미이므로 '과거'를 의미한다. 따라서 이 문장에서는 '현재완료'보다는 '과거형'이 들어간 문장이 적당하다. '과거진행형'이므로 '내가 처음으로 여기 기다리고 있었다.'라고 해석한다.

3) Oh, I'm terribly sorry! I didn't realize.
아, 정말 죄송합니다. 미처 몰랐어요.

> * terribly : 너무, 대단히

4) I'll step behind you.
제가 뒤로 갈게요.

> * step : 발걸음을 떼어 움직이다.
> * step behind you. : 당신 뒤로 가다.

5) **No worries** at all, **it happens.**
걱정마세요. 그럴 수 있어요.

> ▶ **No worries**
> '걱정하지 말라.'는 의미로 여기서의 'worries'는 명사로 사용되었다. 'Don't worry' 에서의 'worry'는 동사이니 혼동하지 말 것.
>
> ▶ **It happens.**
> 보통 회화에서 많이 쓰이는 표현으로 '흔히 일어나는 일이다.'라는 의미로 많이 쓰인다.

6) Thank you for understanding.
이해해주셔서 감사해요.

7) Of course, and thank you for being so polite about it.
물론이죠, 정중하게 알려주셔서 감사합니다.

잠시 자리 맡아달라고 부탁하기

📖 오늘의 표현

Daily Check.

> "잠시 제 자리 좀 맡아주시겠어요?"
> "잠깐 자리 좀 비워야 해서요."
> (잠시 자리 맡아달라고 부탁하기 - 1)

관광지나 식당 줄을 서 있다가 피치 못할 사정으로 줄에서 이탈할 경우 사용할 수 있는 표현법을 배워두자. 특히나 혼자 여행하는 경우 이런 일이 일어날 수 있으니 꼭 알아두자.

1. 자리를 잠시 맡아달라고 부탁한다.
2. 자리를 잠시 비워야 한다고 얘기한다.

"잠시 제 자리 좀 맡아주시겠어요?"
→ "Could you please hold my spot for a moment?"

"잠깐 자리 좀 비워야 해서요."
→ "I need to step away briefly."

🎧 **오늘의 대화 들어보기**   해당 강의 시청 ▶▶▶   원어민 대화 ▶▶▶

You

Excuse me, could you please hold my spot for a moment? I need to step away briefly.
실례합니다, 잠시 제 자리 좀 맡아주시겠어요? 잠깐 자리 좀 비워야 해서요.

Person in Line

Sure, no problem. I'll be here.
그럼요, 문제없어요. 여기 있을게요.

You

Thank you so much. I'll be right back.
대단히 감사합니다. 금방 돌아올 거예요.

Person in Line

Take your time. I've got your spot.
천천히 하세요. 자리 맡아놓을게요.

💬 대화 TIP 연습하고 문장 반복해서 외우기

1) Excuse me, could you please hold my spot for a moment?
실례합니다, 잠시 제 자리 좀 맡아주시겠어요?

> ▶ **Could you please hold my spot ?**
>
> 일반적으로 'Could you'로 시작하는 문장은 상대방에 대해 공손하게 부탁하는 질문이다. 대기 줄에 있다가 급하게 잠시 자리를 비울 경우, 낯선에게 자리를 맡아달라고 하는 것이 쉬운 일은 아니다. 공손하게 부탁하자. 이럴 때 쓰는 표현이 'hold my spot'이라는 표현이다. 'spot' 하면 보통 작은 점을 얘기하지만, 장소를 말할 때는 딱 지정된 장소를 의미한다.
>
> * for a moment : 잠시 동안

2) I need to step away briefly.
잠깐 자리 좀 비워야 해서요.

> ▶ **I need to step away briefly.**
>
> 'step away'라고 하면 '자리를 떠나다, 물러나다'라는 의미이다. 자리를 비울 때 많이 쓰이는 표현이므로 꼭 알아두자.
>
> * briefly : 잠시, 잠시 동안

3) Sure, no problem.
그럼요, 문제없어요.

4) I'll be here.
여기 있을게요.

5) Thank you so much.
대단히 감사합니다.

6) I'll be right back.
금방 돌아올 거예요.

7) Take your time.
천천히 하세요.

> * take your time : 서두르지 말고 천천히 하다.

8) **I've got your spot.**
자리 맡아놓을게요.

> ▶ **I've got your spot.**
> '자리 맡아놓을게요.'라고 표현할 때 미래형을 쓰지 않고 현재완료형을 쓴 이유는 '이미 당신의 자리를 내가 잡으니 걱정 말고 볼일 보고 오라.'라는 의미가 포함되어 있다. 많이 쓰는 표현이니 주의할 것.

DAY 45 잠시 자리 맡아달라고 부탁하기

오늘의 표현

Daily Check.

"제 자리 좀 맡아주시겠어요?"
"잠시 자리를 비워야 해서요."
(잠시 자리 맡아달라고 부탁하기 - 2)

줄 서 있는 낯선 외국인에게 할 수 있는 또 다른 부탁 표현을 배워보자. 상대방에게 잠시 자리를 맡아달라고 할 때 'Could you~'로 시작하는 표현도 있지만, 'Would you mind~'로 시작하는 문장도 공손하게 부탁하는 경우 많이 쓰이는 표현이니까 꼭 알아두자.

"제 자리 좀 맡아주시겠어요?"
→ "Would you mind keeping my place in line?"

"잠시 자리를 비워야 해서요."
→ "I need to step out for a second."

🎧 **오늘의 대화 들어보기**　　해당 강의 시청 ▶▶▶ 　　원어민 대화 ▶▶▶

You　　Excuse me, would you mind keeping my place in line? I need to step out for a second.
실례합니다, 잠시 제 자리 좀 맡아주시겠어요? 잠깐 자리 좀 비워야 해서요.

Person in Line　　Yeah, that's fine. Hurry back, though.
네, 상관없어요. 그래도 빨리 돌아와주세요.

You　　Absolutely, I won't be long. Thanks a lot for this.
물론이죠, 오래 걸리지는 않을 거예요. 대단히 감사합니다.

Person in Line　　No worries, we've all been there.
걱정마세요. 우리 모두 그런 경험을 하잖아요.

💬 대화 TIP 연습하고 문장 반복해서 외우기

1) Excuse me, would you mind keeping my place in line?
실례합니다, 제 자리 좀 맡아주시겠어요?

> ▶ **Would you mind keeping my place in line?**
>
> 'Would you mind'는 'Could you mind'와 같이 상대방에게 부탁할 때 많이 쓰는 공손한 표현이다. 주의할 점은 'mind'동사 자체가 뒤에 '~ing'형태를 가지고 오기 때문에 'mind ~ing' 형태가 됨을 기억하자. '내 자리를 맡아 놓다.' 라고 하면 앞에서 배운 'hold my spot'도 있지만, 'keep my place'라는 표현도 같은 의미이니 많이 활용하자.

2) I need to step out for a second.
잠시 자리를 비워야 해서요.

> ▶ **I need to step out for a second.**
>
> 역시 앞에서 배운 'I need to step away briefly.' 와 유사한 표현이다.
> * step out : 나가다. 줄을 이탈하다.
> * for a second : 잠시 동안 = briefly

3) Yeah, that's fine.
네, 상관없어요.

4) Hurry back, though.
그래도 빨리 돌아와주세요.

> ▶ **Hurry back, though.**
>
> 'hurry back'은 '급히 되돌아오다. 곧 다시 오다.'라는 표현이다.
> 뒤에 'though'는 원래 '그럼에도 불구하고'라는 의미를 가지고 있으므로, 전체 문장은 '자리 맡아주는 건 상관없지만, 그래도 좀 빨리 와 달라.'라는 표현으로 보면 된다.

5) Absolutely, I won't be long.
물론이죠, 오래 걸리지는 않을 거예요.

> ▶ **I won't be long.**
>
> 이 문장에서 'long'의 의미는 '길이'의 의미가 아니라 '시간'의 의미이다. 'I will not be long' 즉, '나는 오래 걸리지는 않을 것이다.'라는 의미로 해석한다.

7) Thanks a lot for this.
대단히 감사합니다.

> ▶ **Thanks a lot for this.**
>
> 쉬운 표현이지만 우리가 막상 회화에서 많이 쓰지는 않는다. '이거에 대해서 감사하다.'라는 의미로 알아두자.

8) No worries, we've all been there.
걱정마세요. 우리 모두 그런 경험을 하잖아요.

> ▶ **We've all been there.**
>
> 해석에 주의하자. 그대로 보면 '우리는 모두 거기 있어 봤다.'라고 해석되지만, '모두 그런 경험이 있다.'라고 해석한다. 관용적으로 많이 쓰는 표현이니 꼭 알아두자.

잠시 자리 맡아달라고 부탁하기

오늘의 표현

Daily Check.

"잠시 제 자리 좀 맡아주시겠어요?"
"빨리 돌아올게요."
(잠시 자리 맡아달라고 부탁하기 - 3)

상대방에게 잠시 자리를 맡아달라고 하는 다른 표현도 배워보자.
- hold my spot
- keep my place
- watch my spot

또한, 상대방에게 내가 곧 돌아오겠다는 의사를 전달하는 것도 중요하다.

"잠시 제 자리 좀 맡아주시겠어요?"
→ "Could you please watch my spot for a minute?"

"빨리 돌아올게요."
→ "I'll be back very quickly."

🎧 오늘의 대화 들어보기

You: Hi there, I'm really sorry to bother you, but could you please watch my spot for a minute? I'll be back very quickly.
안녕하세요, 번거롭게 해서 정말 죄송합니다만 잠시 제 자리 좀 맡아 주시겠어요? 빨리 돌아올게요.

Person in Line: Of course, no problem at all. Go ahead.
물론이죠, 전혀 상관없어요. 그렇게 하세요.

You: Thank you so much! I really appreciate it.
대단히 감사합니다. 정말 감사해요!

Person in Line: Don't worry about it. See you in a bit.
걱정하지 마세요. 이따 봬요.

💬 대화 TIP 연습하고 문장 반복해서 외우기

1) Hi there, I'm really sorry to bother you,
안녕하세요, 번거롭게 해서 정말 죄송합니다만

> ▶ **I'm really sorry to bother you.**
>
> 상대방에게 말을 걸거나 부탁을 할 때 보통 'Excuse me'라고 하기도 하지만, 'I am sorry to bother you.'처럼 굉장히 공손히 말할 수도 있다. '번거롭게 해서 죄송합니다.' 정도로 해석하자.
>
> * bother : 신경 쓰이게 하다, 괴롭히다.

2) but could you please watch my spot for a minute?
잠시 제 자리 좀 맡아주시겠어요?

> ▶ **Could you please watch my spot for a minute?**
>
> '자리를 맡아 달라.'는 표현을 정리 해두자.
> - hold my spot
> - keep my place
> - watch my spot
>
> * 잠시 동안
> - for a moment
> - for a second
> - for a minute

3) I'll be back very quickly.
빨리 돌아올게요.

> ▶ **I'll be back very quickly.**
>
> '곧 돌아오겠다.'라는 표현도 정리해 두자.
> - I will be right back.
> - I won't be long.
> - I will be back very quickly.

4) Of course, no problem at all.
   물론이죠, 전혀 상관없어요.

5) **Go ahead.**
   그렇게 하세요.

   > ▶ **Go ahead.**
   > 보통 회화에서 'Go ahead'라고 하면 '앞으로 가라'라는 의미도 있지만, 대개는 "하던 일을 계속 진행시켜라.'라는 의미로 더 많이 쓰인다.

6) Thank you so much! I really appreciate it.
   대단히 감사합니다. 정말 감사해요!

7) Don't worry about it.
   걱정하지 마세요.

8) See you in a bit.
   이따 뵈어요.

   > * in a bit : 조금, 좀 있다가, 잠시 후에

관광지 대기 줄에 대해 관리자에게 묻기

 오늘의 표현

Daily Check.

"티켓 구입하려면
어느 줄에 서야 하는지 알려주실래요?"
(티켓 구매 대기 줄 물어보기)

관광지 매표소를 보면 여러 개의 줄이 길게 늘어져 있는 경우가 많다. 그럴 때 당황하는 경우가 있는데 그런 상황에서 각각 표현법을 알아보자.

우선 순수하게 현장에서 티켓을 구매하려고 하는 경우 물어보는 표현이다.

"티켓 구입하려면 어느 줄에 서야 하는지 알려주실래요?"
→ "Can you tell me which line I should join to buy tickets?"

🎧 오늘의 대화 들어보기   해당 강의 시청 ▶▶▶   원어민 대화 ▶▶▶

You
Excuse me, can you tell me which line I should join to buy tickets?
실례합니다, 티켓 구입하려면 어느 줄에 서야 하는지 알려주실래요?

Staff Member
Sure, you need to join the line on the right. That's the one for ticket purchases.
네, 오른쪽 줄에 서시면 됩니다. 거기가 티켓 구매 줄입니다.

You
Great, thanks for your help!
그래요, 도와주셔서 감사합니다!

Staff Member
No problem, enjoy your visit!
천만에요, 즐거운 관광 되세요!

💬 대화 TIP 연습하고 문장 반복해서 외우기

1) Excuse me, can you tell me which line I should join to buy tickets?
실례합니다, 티켓 구입하려면 어느 줄에 서야 하는지 알려주실래요?

> ▶ **Can you tell me which line I should join to buy tickets?**
>
> 'tell'은 단순히 '말하다'의 의미보다는 '정보를 전달하다, 설명을 전달하다.'라는 의미가 강한 동사이다. 따라서 'Can you tell me'라고 하면, '알려달라, 설명해달라'라는 의미로 보면 된다.
>
> - Can you tell me + $\dfrac{\text{의문사 + 주어 + 동사}}{\text{(간접의문문)}}$?
>
> '간접의문문'이라고 하면 보통 의문사 (what, who, which, where, when, how, why)가 있는 의문문이 전체 문장에서 일부로 쓰이는 경우를 말한다. 이럴 경우 의문사가 이끄는 문장을 간접의문문이라고 한다. 간접의문문은 물어보는 문장이지만, 주어, 동사의 순서를 바꾸지 않는다.
>
> - Which line <u>should</u> I join to buy ticket? : 티켓 사려면 어느 줄에 서야 하죠?
>   동사 + 주어
>
> - Can you tell me (which line I <u>should join</u> to buy the ticket?) : 간접의문문
>   주어 + 동사

2) Sure, you need to join the line on the right.
네, 오른쪽 줄에 서시면 됩니다.

> * the line on the right : 오른쪽에 있는 줄

3) **That's the one** for ticket purchases.
거기가 티켓 구매 줄입니다.

> ▶ **That's the one**
>
> 저기가 바로 그 줄입니다. 'the line'이 반복이 되므로 부정대명사 'the one'을 사용한다.
>
> * ticket purchases ; 티켓 구입, 구매

4) Great, thanks for your help!
그래요, 도와주셔서 감사합니다!

5) No problem, enjoy your visit!
천만에요, 즐거운 관광 되세요!

> * visit : 방문, 관광

관광지 대기 줄에 대해 관리자에게 묻기

 오늘의 표현

 Daily Check.

"바우처가 있는데요."
"어느 줄에 서면 되나요?"
(바우처 소유자 대기 줄 물어보기 - 1)

입장 티켓 교환권이나 상품 교환권 등을 바우처라고 한다. 요즘은 해외여행 가기 전에 미리 구매하는 경우가 많다. 다만, 바우처가 있다 해도 현지에서 티켓으로 다시 교환하거나, 상황에 따라 상품권같이 써야 하는 경우가 있으므로 어떻게 써야 하는지 물어보는 표현법을 배워두자.

"바우처가 있는데요."
→ "I have a voucher."

"어느 줄에 서면 되나요?"
→ "Which line should I join for that?"

🎧 **오늘의 대화 들어보기**　　해당 강의 시청 ▶▶▶　　원어민 대화 ▶▶▶

You　　Excuse me, I have a voucher. Which line should I join for that?
실례합니다, 바우처가 있는데요. 어느 줄에 서면 되나요?

Staff Member　　Oh, if you have a voucher, you can join the shorter line on the left. That's for pre-purchased tickets and vouchers.
아, 바우처가 있으면, 왼쪽 짧은 줄에 서 계시면 됩니다. 저기가 미리 티켓을 구매하신 분들과 바우처를 가지고 계신 분들을 위한 줄입니다.

You　　Thank you very much for the information!
알려주셔서 너무나 감사합니다!

Staff Member　　You're welcome! Hope you have a great time!
천만에요! 좋은 시간 되세요!

💬 대화 TIP 연습하고 문장 반복해서 외우기

1) Excuse me, I have a voucher.
실례합니다, 바우처가 있는데요.

* voucher : 상품권, 할인권, 티켓 교환권

2) Which line should I join for that?
어느 줄에 서면 되나요?

> ▶ Which line should I join for that?
>
> 바우처를 소유하고 있을 때 어느 줄에 서야하는지 물어보는 표현이다.
> 줄이 여러 개 있으므로 그중에서 선택을 해야 하기 때문에 'what line'이라고 하지 않고 'which line'이라고 한다.
> '줄에 들어가다.'를 말할 때 'join the line'이라고 많이 쓴다.
> 원문은 'Which line should I join for the voucher? = 바우처가 있으면 어느 줄에 들어가면 되나요?'이다.

3) Oh, if you have a voucher, you can join the shorter line on the left.
아, 바우처가 있으면, 왼쪽 짧은 줄에 서 계시면 됩니다.

* the shorter line : 저기 있는 더 짧은 줄
* on the left : ~의 왼쪽에

4) That's for pre-purchased tickets and vouchers.
저기가 미리 티켓을 구매하신 분들과 바우처를 가지고 계신 분들을 위한 줄입니다.

> * pre- : 단어 앞에 붙는 접두사로서 '미리' 라는 의미를 갖는다.
> * purchase : 사다, 구매하다
> * pre-purchase : 미리 구매하다. 그러나, 뒤에 또 명사 (tickets)가 오면서 앞의 동사 (purchase)가 형용사화 되었다.
> * pre-purchased tickets : 미리 구매된 티켓들

5) Thank you very much for the information!
알려주셔서 너무나 감사합니다!

6) You're welcome! Hope you have a great time!
천만에요! 좋은 시간 되세요!

> ▶ **Hope you have a great time!**
> 원문은 'I hope you have a great time!'

관광지 대기 줄에 대해 관리자에게 묻기

 오늘의 표현

Daily Check.

"바우처가 이미 있으면 어디에 서야 하는지 알려주시겠습니까?"
(바우처 소유자 대기 줄 물어보기 - 2)

바우처를 소지했을 경우 어떤 줄에 서야 하는지 물어보는 또 다른 표현이다. 항상, 바우처를 소지하고 있음을 알리고, 그럴 경우 어느 줄에 서야 하는지 물어보는 것이 순서이다.

일일이 말하기 귀찮으면 'if I already have a voucher'를 이용해서 한 번에 표현해도 좋다.

"바우처가 이미 있으면 어디에 서야 하는지 알려주시겠습니까?"
→ "Could you tell me where I should stand if I already have a voucher?"

🎧 오늘의 대화 들어보기

You: Could you tell me where I should stand if I already have a voucher?
바우처가 이미 있으면 어디에 서야 하는지 알려주시겠습니까?

Staff Member: Of course! If you have a voucher, you don't need to queue in the main line. Please go directly to the express line over there, marked 'Voucher Holders.'
물론입니다! 바우처를 가지고 계시다면, 메인 줄에 서 계실 필요 없습니다. 저기 '바우처 소유자'라고 표시된 익스프레스 줄로 바로 가시면 됩니다.

You: That's a relief. Thank you for helping me out!
다행이네요. 해결해주셔서 감사합니다!

Staff Member: No problem at all. If you need any more assistance, feel free to ask. Enjoy your visit!
전혀 상관없습니다. 더 도움이 필요하시면, 언제든지 물어보세요. 즐거운 관광 되세요!

💬 대화 TIP 연습하고 문장 반복해서 외우기

1) Could you tell me where I should stand if I already have a voucher?
바우처가 이미 있으면 어디에 서야 하는지 알려주시겠습니까?

> ▶ Could you tell me where I should stand if I already have a voucher?
> 다음과 같이 3개의 문장으로 이루어져 있다.
> - Could you tell me : 알려주시겠습니까?
> - where I should stand ; 제가 어디에 서야 하는지 (간접의문문)
> - if I already have a voucher. : 이미 바우처가 있을 경우

2) Of course! If you have a voucher, you don't need to queue in the main line.
물론입니다! 바우처를 가지고 계시다면, 메인 줄에 서 계실 필요 없습니다.

> ▶ You don't need to queue in the main line.
> 'You don't need to ~'는 '~할 필요가 없다.'라는 의미로 'must'의 부정의 의미이다. 보통 줄을 'line'이라고 하지만, 영국식 표현으로는 'queue'라고도 하는데, '줄' 혹은 '줄을 서다.'라는 표현으로 사용된다.

3) Please go directly to the express line over there, marked 'Voucher Holders.'
저기 '바우처 소유자'라고 표시된 익스프레스 줄로 바로 가시면 됩니다.

> * the express line : 초고속라인, 보통 특정 사람들이 대기 없이 들어가는 줄
> * holder : 소유자

4) That's a relief.
다행이네요.

> **That's a relief.**
> 어떤 걱정이나 불안이 해소되었을 때 표현하는 관용적인 표현이다. '잘 되었다, 다행이다'라는 의미
> * relief : 안도, 안심

5) Thank you for helping me out!
해결해주셔서 감사합니다!

> **helping me out**
> 단순히 'help me.'와 'help me out.'은 의미에서 차이가 있다.
> 'help'는 결과가 어찌 되었건 '도와준다'는 의미이고 'help out'은 '무엇인가를 해결해준다'는 느낌이다. 참고로 'help out'은 사람에게만 사용한다.

6) No problem at all.
전혀 상관없습니다.

7) If you need any more assistance, feel free to ask.
더 도움이 필요하시면, 언제든지 물어보세요.

> * assistance : 도움, 지원

8) Enjoy your visit!
즐거운 관광 되세요!

관광지 대기 줄에 대해 관리자에게 묻기

📖 오늘의 표현

Daily Check.

> "제가 온라인으로 회원권을 구매했는데요."
> "어느 줄에 서야 하는지 알 수 있을까요?"
> (온라인 회원권 보유자 대기 줄 물어보기)

티켓을 현장에서 구매하는 경우가 있고, 바우처를 미리 사서 현장에서 티켓과 교환하는 경우가 있고, 아예 온라인에서 회원권을 구매하는 경우가 있다. 만약 온라인에서 회원권을 미리 구매했을 경우 현장에서 어떻게 사용하는지 알아보는 표현을 배우자.

"제가 온라인으로 회원권을 구매했는데요."
→ "I bought a membership online."

"어느 줄에 서야 하는지 알 수 있을까요?"
→ "Could you tell me which line I should be in?"

🎧 오늘의 대화 들어보기

해당 강의 시청 ▶▶▶ 원어민 대화 ▶▶▶

You: Excuse me, I bought a membership online. Could you tell me which line I should be in?
실례합니다. 제가 온라인으로 회원권을 구매했는데요. 어느 줄에 서야 하는지 알 수 있을까요?

Staff Member: Hello! If you've purchased a membership online, please join the VIP or Members line over there. It's usually much quicker.
안녕하세요. 온라인 회원권을 구매하셨다면, 저쪽 VIP 전용 줄이나 회원 전용 줄에 서 주세요. 보통은 그게 제일 빠릅니다.

You: Great, thank you for your help!
네, 알려주셔서 감사합니다!

Staff Member: You're welcome! If you have any other questions, just let us know. Enjoy your visit!
천만에요! 궁금하신 게 있으면 알려주세요. 관광 잘 하시고요!

💬 대화 TIP 연습하고 문장 반복해서 외우기

1) Excuse me, I bought a membership online.
실례합니다. 제가 온라인으로 회원권을 구매했는데요.

> ▶ **bought a membership online.**
>
> 'buy + A + online' 이라고 하면 'online 에서 A를 사다.' 라는 표현이다.
> 여기서 'online'은 '온라인으로, 인터넷으로' 라는 의미의 부사로 알아두자.

2) Could you tell me which line I should be in?
어느 줄에 서야 하는지 알 수 있을까요?

> ▶ **Which line I should be in?**
>
> 보통 '줄을 서다'라는 표현을 정리해 두자.
> - join the line
> - stand in the line
> - queue in the line
> - be in the line

3) Hello! If you've purchased a membership online,
안녕하세요. 온라인 회원권을 구매하셨다면,

> ▶ **If you've purchased a membership online.**
>
> 'purchase + A + online' 이라고 하면 'online 에서 A를 사다.' 라는 표현이다.

4) please join the VIP or Members line over there.
저쪽 VIP 전용 줄이나 회원 전용 줄에 서 주세요.

> * VIP : Very Important Person, 요인

5) It's usually much quicker.
보통은 그게 제일 빠릅니다.

> ▶ It's usually much quicker.
> 'much'는 뒤의 비교급 'quicker'를 꾸며 주고 더 강조해 준다.

6) Great, thank you for your help!
네. 알려주셔서 감사합니다!

7) You're welcome!
천만에요!

8) If you have any other questions, just let us know.
궁금하신 게 있으면 알려주세요.

9) Enjoy your visit!
관광 잘 하시고요!

기초영어X여행영어
부록.

Small Talk

핵심표현 정리

👉 해외 식당 음식에 대한 주요 맛 표현

짠	salty	맛있는	yummy tasty delicious
매운	spicy	육즙이 많은	juicy
느끼한	greasy	시큼한	sour
단	sugary	톡 쏘는	tangy
비린	fishy	고소한	nutty
쓴	bitter	감칠맛 나는	umami
싱거운	bland	짭조름한	savory

👉 식당에서 서버에게 음식 맛에 대해 요청할 때

▸ 솔직히 맛이 너무 ~ 해요.
  : To be honest, It's too _____ for me / for my taste.

▸ 원래 이런 건가요?
  : Is it supposed to be like this?

▸ 덜 ~ 해주실 수 있을까요 ?
  : Could you remake it less _____ ?

👉 식당에서 서버를 부를 때

▶ 저기요.
: Excuse me, waiter?

▶ 죄송한데요.
: I have to bother you, but.

▶ 할 말이 있는데요,
: Could I have a word ?

▶ 잠시 좀 와주실래요?
: Could I have a moment, please ?

▶ 잠시 좀 와주실래요?
: Could you help me with something ?

▶ 잠시 좀 와주실래요?
: Could you please come here for a moment ?

👉 식당에서 사용할 수 있는 주요 표현

▶ 서버의 제안에 대해 좋다고 응답할 때
- 그게 좋겠어요.
: Yes, please.
That would be great.
That would be nice.
That would be wonderful.

▸ 서버에게 감사하다고 표현할 때.
- 너무 감사해요.
: Thank you, I appreciate it.
- 추천해 주셔서 감사해요.
: Thank you for recommendations.
- 제안해 주셔서 감사해요.
: Thank you for the suggestion.
- 이해해 주셔서 감사해요.
: Thank you for understanding.
- 빠른 응대 감사해요.
: Thank you for quick response.

메뉴 고르는데 시간을 더 요청할 때

▸ 아직 고르고 있는 중이에요
: We're still deciding.
▸ 고르는데 어렵네요.
: I'm having a hard time deciding.
▸ 시간이 더 필요해요.
: We need a few more minutes.
▸ 메뉴들이 좀 낯설어요.
: I'm not familiar with some of items.

👉 메뉴 고르는데 시간을 더 요청할 때

- ▶ 저 ~에 알레르기가 있어요.
  : I have an allergy to _____.
  : I have allergies to _____ and _____.
- ▶ 채식주의자용 메뉴가 있나요?
  : Do you have any vegetarian options?
- ▶ 맛이 ~하지 않은 음식 있나요?
  : Can you recommend something that isn't ____ ?
- ▶ 1인을 위한 메뉴가 있나요?
  : Is there a dish that's a size for one person?
- ▶ 나누어 먹기 좋은 음식 있나요?
  : Is there a dish that's good for sharing?
- ▶ 빨리 나오는 음식 있나요?
  : Is there something that can be served quickly?

👉 줄 서 있는 관광객에게 먼저 말 걸때

- ▶ 줄이 꽤 기네요.
  : The line is quite long.
- ▶ 오늘 사람들이 많네요.
  : It's pretty crowded today.
- ▶ 줄이 줄지를 않네요.
  : This line hasn't move much.
- ▶ 줄이 생각보다 기네요.
  : This line is longer than I expected.
- ▶ 항상 이런 거겠죠?
  : Is it always like this?
- ▶ 온라인에서 좋은 리뷰를 읽었어요.
  : I read some great reviews online.

👉 줄 서 있는 관광객에게 물어보기

- 대기 시간이 얼마나 긴지 아세요?
  : Any idea how long the wait is?
- 저처럼 처음 방문하는 사람을 위한 팁 있나요?
  : Any tips for a first-timer like me?
- 혹시 여기서 뭐 드실지 고르셨어요?
  : Have you decided what you're getting?
- 혹시 여기서 뭐 드실지 고르셨어요?
  : What dish are you planning to try?
- 혹시 여기서 뭐 드실지 고르셨어요?
  : Have you decided what you will order?

👉 새치기 한 관광객에게 말할 때

- 제가 먼저 줄 서 있었는데요.
  : I was in line here before you arrived.
- 제가 다음 순서 같은데요.
  : I believe I was next in line.
- 제가 먼저 기다리고 있었던 것 같은데요.
  : I was waiting in line here first.

👉 내가 만약 순서를 잘 못 알고 줄 서 있었을 때

- ▶ 미처 몰랐네요.
  : I didn't realize.
- ▶ 제가 당신을 못 봤네요.
  : I didn't see you.
- ▶ 제자리로 갈게요.
  : I will move back right away.
- ▶ 제가 뒤로 갈게요.
  : I will step behind you.

👉 외국인에게 잠시 내 자리 좀 맡아달라고 부탁할 때

- ▶ 잠시 제 자리 좀 맡아주시겠어요?
  : Could you hold my spot for a moment?
- ▶ 잠시 제 자리 좀 맡아주시겠어요?
  : Would you mind keeping my place?
- ▶ 잠시 제 자리 좀 맡아주시겠어요?
  : Could you watch my spot for a minute?
- 잠시 동안 : for a moment / for a minute / for a second

👉 외국인에게 급하게 자리를 비워야 한다고 표현할 때

- ▶ 잠깐 자리 좀 비워야 해서요.
  : I need to step away briefly.
- ▶ 잠깐 자리 좀 비워야 해서요.
  : I need to step out for a second.

👉 외국인에게 금방 돌아 올 거라고 안심시킬 때

▶ 금방 돌아올 거예요.
: I will be right back.

▶ 오래 걸리지 않을 거예요.
: I won't be long.

▶ 빨리 돌아올게요.
: I will be back quickly.

👉 대기 줄에 대해 관광지 관리인에게 묻기

▶ 티켓 사려면 어디 줄에 서야 하죠?
: Can you tell me which line I should join to buy tickets?

▶ 저 바우처 있어요.
: I have a voucher.

▶ 바우처가 있으면 어느 줄에 서야 하나요?
: Which line should I join for that?

▶ 바우처가 있으면 어느 줄에 서야 하나요?
: Where should I stand if I already have a voucher?

▶ 온라인으로 회원권 구매했어요.
: I bought a membership online.